二十一世纪普通高等院校实用规划教材·经济管理系列

会计电算化
(第3版)

陈立新　张　霞　主　编

清华大学出版社
北　京

内 容 简 介

本书紧密结合我国会计电算化发展的最新理论和实践，从会计电算化概论、会计核算软件模块的应用、供应链管理软件模块的应用、会计电算化的实施与管理等方面阐述了会计电算化的基本原理、应用操作和具体实施方法。

本书理论联系实际，内容简练，深入浅出，通俗易懂。为了便于读者对知识的理解和巩固，基础理论篇各章均配有学习要点及目标、内容引言、小结、自测题，实验操作篇中的各实验均包括实验目的、实验内容、实验准备、实验要求、实验资料和实验步骤。

本书既可以作为高等院校会计、财务管理、信息管理等专业会计电算化课程的教材，也可以作为社会机构进行会计电算化培训的教材，以及企事业单位领导、会计管理人员学习会计电算化知识的参考书。

本书封面贴有清华大学出版社防伪标签，无标签者不得销售。
版权所有，侵权必究。举报：010-62782989，beiqinquan@tup.tsinghua.edu.cn。

图书在版编目(CIP)数据

会计电算化/陈立新，张霞主编. —3版. —北京：清华大学出版社，2019(2024.1重印)
(二十一世纪普通高等院校实用规划教材·经济管理系列)
ISBN 978-7-302-53413-6

Ⅰ.①会… Ⅱ.①陈… ②张… Ⅲ.①会计电算化—高等学校—教材 Ⅳ.①F232

中国版本图书馆 CIP 数据核字(2019)第 160040 号

责任编辑：陈冬梅
封面设计：刘孝琼
责任校对：吴春华
责任印制：丛怀宇

出版发行：清华大学出版社
    网　　址：https://www.tup.com.cn, https://www.wqxuetang.com
    地　　址：北京清华大学学研大厦 A 座　　邮　　编：100084
    社　总　机：010-83470000　　邮　　购：010-62786544
    投稿与读者服务：010-62776969, c-service@tup.tsinghua.edu.cn
    质量反馈：010-62772015, zhiliang@tup.tsinghua.edu.cn
    课件下载：https://www.tup.com.cn, 010-62791865
印 装 者：三河市铭诚印务有限公司
经　　销：全国新华书店
开　　本：185mm×260mm　　印　张：16.75　　字　数：404 千字
版　　次：2009 年 8 月第 1 版　2019 年 9 月第 3 版　　印　次：2024 年 1 月第 6 次印刷
定　　价：49.00 元

产品编号：083528-01

前　　言

随着计算机网络信息技术的发展和经济管理水平的提高，会计电算化已成为一门集会计学、计算机科学、管理学和信息科学为一体的边缘性学科。同时，会计电算化还是会计、财务管理和信息管理等专业的主干课程。为了满足高等院校会计电算化教学的需求，清华大学出版社组织高等院校相关专业骨干教师编写了本书。

全书分为上、下两篇，上篇为基础理论篇，共四章，主要内容包括会计电算化概论、会计核算软件模块的应用、供应链管理软件模块的应用、会计电算化的实施与管理；下篇为实验操作篇，共十二个单项实验和三个综合实验，内容涵盖系统管理、总账管理、用友UFO报表管理、薪资管理、固定资产管理、供应链管理、采购管理、销售管理、库存管理和存货核算等。

本书的主要特色如下。

1. 内容新颖

本书紧密结合我国会计电算化发展的前沿动态，以"新企业会计准则"为依据，以工业企业为背景，以适合教学应用的用友 U8 v10.1 系统为平台，将最新的会计知识与财务软件教学相结合，使学生能较快地掌握财务软件的基本理论和基本操作，并提高会计综合业务处理能力。

2. 结构完整

本书系统、完整地讲解了有关会计电算化的基本理论知识以及各子系统的应用，全书力求理论部分通俗易懂、简明扼要。单项实验部分以一个企业的实际业务活动贯穿始终，岗位明确，导向性强，做到了理论与实践的有效融合，便于学生对会计信息系统的整体把握，体现了由浅入深、循序渐进、逐步提高的设计思想。综合实验旨在培养学生综合业务处理能力。

3. 突出实践

本书在介绍会计电算化理论知识的同时，结合具体的实验进行实践教学，将理论与实践相结合，可以使学生能明确各系统的业务处理流程，并培养学生独立实践的能力。

本书提供了立体化教学资源，主要包括 PPT 教学电子课件和实验账套，还可通过扫描书中二维码下载微课视频和实验指导书，便于教师教学和学生自学。

本书既可以作为高等院校会计学、财务管理、信息管理等专业会计电算化课程的教材，也可作为社会机构进行会计电算化培训的教材，以及企事业单位领导、会计管理人员学习会计电算化知识的参考书。

本书由山西大学商务学院陈立新、张霞任主编。具体编写分工如下：肖芬编写第一章，陈立新编写第二章、第五章的实验一至实验五，张霞编写第三章、第五章实验八至实验十二，牛丽云编写第四章，杨扬编写第五章实验六，弓亦静编写第五章实验七，高建英编写第六章。

由于编者水平有限，书中不妥之处恳请读者批评指正。

编 者

目　　录

上篇　基础理论篇

第一章　会计电算化概论 1
第一节　会计电算化概述 1
一、数据和信息 1
二、会计数据和会计信息 2
三、信息系统和会计信息系统 2
四、会计电算化信息系统 3
第二节　会计电算化的发展 5
一、国外会计电算化的发展 6
二、我国会计电算化的发展 6
三、我国会计电算化的发展趋势 7
第三节　会计软件的开发方法 8
一、原形法 8
二、生命周期法 10
三、面向对象方法 13
本章小结 14
自测题 15

第二章　会计核算软件模块的应用 17
第一节　系统管理和企业应用平台 17
一、系统管理 17
二、企业应用平台 20
第二节　总账管理系统的应用 21
一、总账管理系统概述 22
二、总账管理系统初始设置 23
三、总账管理系统日常处理 28
四、总账管理系统期末处理 32
第三节　报表管理系统的应用 36
一、报表管理系统概述 36
二、报表管理系统初始设置 40
三、报表管理系统日常处理 43
四、报表管理系统的其他功能 45
第四节　薪资管理系统的应用 47
一、薪资管理系统概述 47
二、薪资管理系统初始设置 48
三、薪资管理系统日常处理 51
四、薪资管理系统期末处理 52
第五节　固定资产管理系统的应用 53
一、固定资产管理系统概述 53
二、固定资产管理系统初始设置 55
三、固定资产管理系统日常处理 56
四、固定资产管理系统期末处理 57
本章小结 58
自测题 59

第三章　供应链管理软件模块的应用 61
第一节　供应链管理系统概述 61
一、供应链管理系统应用方案 61
二、供应链管理系统业务处理流程 61
第二节　供应链管理系统初始设置 62
一、供应链管理系统初始设置概述 62
二、供应链管理系统建账 64
三、基础信息设置 64
四、业务科目设置 66
五、供应链管理系统期初数据的录入 66
第三节　采购管理系统的应用 68
一、采购管理系统概述 68
二、采购业务 70
三、月末结账 74
四、采购账表 74
第四节　销售管理系统的应用 75
一、销售管理系统概述 75
二、销售业务 77
三、月末结账 83

四、销售账表 83
第五节　库存管理系统的应用 83
　　一、库存管理系统概述 83
　　二、库存业务 84
　　三、月末处理 86
　　四、库存账表 86
第六节　存货核算系统的应用 86
　　一、存货核算系统概述 87
　　二、业务处理 88
　　三、月末处理 89
　　四、核算账表 90
本章小结 90
自测题 90

第四章　会计电算化的实施与管理 93
第一节　会计电算化系统的实施 93
　　一、会计电算化实施的意义 93
　　二、会计电算化实施的原则和要求 94
　　三、会计电算化系统实施的步骤 96
第二节　会计电算化的管理 97
　　一、会计电算化的宏观管理 98
　　二、会计电算化的微观管理 99
本章小结 101
自测题 101

下篇　实验操作篇

第五章　单项实验 104
实验一　系统管理和基础设置 104
　　实验目的 104
　　实验内容 104
　　实验准备 104
　　实验要求 104
　　实验资料 105
　　实验步骤 108
实验二　总账管理系统初始设置 113
　　实验目的 113
　　实验内容 113
　　实验准备 113
　　实验要求 114
　　实验资料 114
　　实验步骤 117
实验三　总账管理系统日常处理 124
　　实验目的 124
　　实验内容 124
　　实验准备 124
　　实验要求 124
　　实验资料 124
　　实验步骤 125
实验四　总账管理系统期末处理 136
　　实验目的 136
　　实验内容 136
　　实验准备 136
　　实验要求 136
　　实验资料 137
　　实验步骤 137
实验五　用友 UFO 报表管理 143
　　实验目的 143
　　实验内容 143
　　实验准备 143
　　实验要求 143
　　实验资料 143
　　实验步骤 144
实验六　薪资管理 151
　　实验目的 151
　　实验内容 151
　　实验准备 151
　　实验要求 151
　　实验资料 151
　　实验步骤 154
实验七　固定资产管理 163
　　实验目的 163
　　实验内容 163
　　实验准备 163
　　实验要求 163

目录

　　实验资料 163
　　实验步骤 166

实验八　供应链管理系统初始设置 173
　　实验目的 173
　　实验内容 173
　　实验准备 173
　　实验要求 173
　　实验资料 173
　　实验步骤 178

实验九　采购管理 186
　　实验目的 186
　　实验内容 186
　　实验准备 186
　　实验要求 186
　　实验资料 187
　　实验步骤 187

实验十　销售管理 202
　　实验目的 202
　　实验内容 202
　　实验准备 202
　　实验要求 202
　　实验资料 202
　　实验步骤 203

实验十一　库存管理 213
　　实验目的 213
　　实验内容 213
　　实验准备 213
　　实验要求 213
　　实验资料 214
　　实验步骤 214

实验十二　存货核算 219
　　实验目的 219

　　实验内容 219
　　实验准备 219
　　实验要求 219
　　实验资料 220
　　实验步骤 220

第六章　综合实验 222

综合实验一　财务核算 222
　　实验目的 222
　　实验内容 222
　　实验准备 222
　　实验要求 222
　　实验资料 222
　　操作提示 227

综合实验二　业务核算 228
　　实验目的 228
　　实验内容 229
　　实验准备 229
　　实验要求 229
　　实验资料 229
　　操作提示 234

综合实验三　财务与业务集成 235
　　实验目的 235
　　实验内容 235
　　实验准备 235
　　实验要求 235
　　实验资料 236
　　操作提示 253

附录　自测题答案 255

参考文献 257

上篇 基础理论篇

第一章 会计电算化概论

【学习要点及目标】

通过对本章内容的学习,熟悉数据、信息及会计信息系统的概念;了解国内外会计电算化的发展;掌握会计电算化的特点、构成要素及会计软件开发的方法和实施步骤。

【本章内容引言】

本章内容是会计电算化的基础理论知识,它不仅是后续学习财务管理软件相关知识的基础,更是全面理解软件功能、熟练掌握各系统操作的前提。

第一节 会计电算化概述

会计作为一个以提供财务信息为主的信息系统,长期以来一直在企业的经营管理中起着重要的作用。随着现代计算机技术、网络技术及信息技术的快速发展,会计信息处理从手工发展到电算化,实现了会计操作技术和信息处理方式的重大变革。了解会计信息系统的基本概念及会计电算化信息系统的组成和特点,有利于会计电算化信息系统的分析。

一、数据和信息

(一)数据

数据是对客观事物属性的描述,是反映客观事物的性质、形态、结构和特征的符号。用于记录数据的符号有数字、文字、字符、图形等多种形式,因此数据一般包括数字数据和非数字数据。

(二)信息

信息是对客观世界中各种事物特征和变化的反映,是数据加工的结果。对信息使用者来说,信息是一种经过加工处理后有用的数据。信息可以用数字、符号、文字、图表、声音和影像等形式来表示。

(三)数据与信息的关系

数据是对客观事实的记载，信息则是数据加工的结果。信息必然是数据，但数据未必是信息，经过加工后有用的数据才是信息，而加工后没有被采用的数据仍然是数据。

二、会计数据和会计信息

(一)会计数据

会计数据是指经济活动中产生的数据，它是对经济活动属性(包括财务状况、经营状况等)的描述。在会计工作中，利用各种技术手段，从不同来源、渠道取得的各种原始资料、原始凭证和记账凭证等都属于会计数据。

(二)会计信息

会计信息是指经过加工处理后能对会计业务及管理活动起辅助决策影响的数据。会计信息表现为在会计核算和会计分析中形成的各种凭证、账簿和报表等。

会计信息主要分为财务信息、管理信息和决策信息三类。财务信息是反映已经过去的业务活动情况的信息，如资产负债表、利润表、账簿等；管理信息是经营管理所需要的特定信息，如预算与决算、本期与历史记录相比较产生的分析报告等；决策信息是对未来具有预测性和指导性的信息，如年度计划、单项预算、综合预算等。只有将会计数据通过加工处理生成会计信息后才能满足管理的需要，为管理者所用。

三、信息系统和会计信息系统

(一)信息系统

系统是由一系列彼此相关、相互联系的若干部分为实现某种特定目的而建立起来的一个整体。相互联系的若干部分称为系统的子系统，它们是系统内能完成某种功能的单元。例如，计算机系统由硬件和软件两个子系统构成；而对一个企业而言，若把整个企业看作一个经营系统，则企业中的各职能部门可视为这一系统的子系统。

系统内部同时存在着物资流和信息流。例如，某公司为完成一项生产经营任务，要组织一定的人力，并配备相应的资金、设备、材料等物资条件。在公司的供、产、销经营活动中，这些物资因素各自按照本身特有的规律运行，并且是相互联系地不断运动着，从而形成一个物资流。与此同时，反映这些客观事物的数量、质量、速度、形态、结构、特征等方面的信息，也按照一定的规律运动，形成一个信息流。在一个系统中，物资流是活动的主体，物资流的数量、质量等特征通过信息流反映出来，人们通过信息流了解、掌握物资流的情况，实现对物资流的控制，保证物资流的畅通。

信息系统由一组完成信息收集、处理、存储和传输的相互关联的要素组成，是用来在组织中支持事务处理、分析、控制与决策的系统，即将输入数据经加工处理后输出有用信息的系统。信息系统具有信息收集、信息处理、信息存储、信息传递及信息输出等功能。

(二)会计信息系统

会计信息系统是组织处理会计业务，为各级管理人员提供会计信息和辅助决策，有效地组织和运用会计信息，改善经营管理，提高经济效益所形成的会计活动的有机整体。

会计的各项活动都体现为对信息的某种作用，例如，取得原始凭证是信息的获取，原始凭证的审核是信息特征的提取和确认，设置会计科目是对信息的分类，填制记账凭证和登记账簿是信息的传递和存储，成本计算是对成本信息的进一步变换和处理，会计管理与决策是对会计信息的进一步应用。

会计工作过程是一个有秩序的信息输入、处理、存储和信息输出的全过程。这一过程可分为若干部分，每一部分都有各自的任务，所有部分互相联系、互相配合、服从于一个统一的目标，形成一个会计活动的有机整体，这个有机整体就构成了会计信息系统。

会计信息系统是企业信息系统中的一个重要子系统。会计信息系统可以分解为若干子系统。会计信息系统按管理职能可分为三部分：核算子系统、管理子系统和决策子系统。这三部分既分别自成系统，又互相联系、缺一不可。其中，会计核算子系统主要进行会计的事后核算，它记录、反映经济业务的发生及其结果，以便反映企业的经营活动情况，监督企业的经营活动；管理子系统用于会计工作中的事中控制，主要是对购、销、存等环节发生的业务进行追踪管理；决策子系统用于事中控制和事前决策，主要是对会计核算产生的数据加以分析，从而进行相应的财务预测、管理和控制活动，它侧重于财务计划、控制、分析和预测。

四、会计电算化信息系统

(一)会计电算化信息系统的概念

会计电算化信息系统是一个用计算机实现的会计信息系统，它是以电子计算机为主的当代电子信息技术应用到会计实务中的简称，是用电子计算机代替手工记账、算账、报账，以及部分代替人脑完成对会计信息的分析、预测和决策的全过程。它实现了会计数据处理的自动化，是会计发展史上的一次重大革命。目前会计电算化已成为集会计学、管理学、计算机科学和信息科学为一体的一门边缘性学科。

"会计电算化"一词是1981年中国会计学会在长春市召开的"财务、会计、成本应用电子计算机问题研讨会"上正式提出来的。会计电算化的概念有广义和狭义之分：狭义上讲，会计电算化仅指电子计算机技术在会计工作中的应用；广义上讲，会计电算化是指与实现会计电算化工作有关的所有工作，包括会计电算化软件的开发和应用、会计电算化人才的培训、会计电算化的宏观规划、会计电算化的制度建设、会计电算化软件市场的培育与发展等。会计电算化的产生不仅是会计数据处理手段的变革，而且对会计理论和实务的发展产生了深远的影响。其研究对象是如何利用电子计算机信息处理技术进行会计核算、会计管理、会计辅助决策及其他相关的所有工作。

(二)会计电算化信息系统的构成要素

会计电算化信息系统是一个人机结合的系统，它的构成要素有硬件、软件、人员、数据和规程等，它们都是会计信息系统的实体，是系统的物理组成。

1. 硬件

硬件是系统中所有固定装置的总称，是系统工作的物质基础。硬件设备一般包括数据采集设备、处理设备、存储设备、输出设备和网络通信设备。例如，输入设备——键盘、光电扫描仪、条形码扫描仪等；数据处理设备——计算机主机等；存储设备——磁盘机、光盘等；输出设备——打印机、显示器等。

2. 软件

会计电算化信息系统的软件包括系统软件和应用软件。系统软件主要包括中英文操作系统，如 DOS、Windows、网络操作系统、语言加工系统及数据库管理系统等；应用软件主要包括通用应用软件和财务软件。在会计电算化信息系统中，财务软件是最重要的部分，没有财务软件，现代会计信息系统就无法实施。

3. 人员

会计电算化的人员是指直接从事系统研制开发、使用和维护的人员。这些人员一般可分为两类：一类称为系统开发人员，包括系统分析员、系统设计员、系统编程人员和测试人员；另一类称为系统的使用和维护人员，包括系统管理人员、系统维护人员、系统操作人员、数据录入人员、数据审核人员、档案管理人员、专职会计人员和专职分析人员等。

4. 数据

会计电算化信息系统的主要任务是向内部和外部提供会计信息。这些信息都是按照一定的结构存放在计算机的存储设备中的，组成会计信息系统数据库，供会计电算化信息系统处理、查询和输出。

由于会计信息量大、涉及面广，因此其数据库系统的结构也十分复杂。会计电算化信息系统所处理的数据主要是经济业务数据，处理经济业务数据是财会部门的传统职责，也是会计信息系统处理的对象。任何使企业财务状况发生变化的事件或过程都可以说是经济业务，这些业务通过数据来反映。经济业务包括外部业务、内部业务和转账业务。

5. 规程

规程是指有关会计电算化的各种法令、条例及规章制度，主要包括两大类：一类是政府的法令、条例；另一类是基层单位在会计电算化工作中的各项具体规定，如岗位责任制度、软件操作管理制度、会计档案管理制度等。

(三)会计电算化信息系统的特点

计算机方式下的会计信息系统，不仅具有电子数据处理系统的共性，而且具有以下几个自身特征。

1. 及时、准确

计算机的运算速度决定了对会计数据的分类、汇总、计算、传递及报告等的处理几乎是在瞬间完成的，而且计算机运用正确的处理程序可以避免手工处理出现的错误，因此在会计电算化信息系统下，数据处理更及时、更准确。计算机可以采用手工条件下不易采用或无法采用的复杂的、精确的计算方法，如材料收发的移动加权平均法等，从而使会计核算工作更精细、更深入，能更好地发挥其参与管理的职能。

2. 集中化与自动化

在会计电算化信息系统中，各种核算工作都由计算机集中处理。在网络环境中，信息可以被不同的用户分享，数据处理更具有集中化的特点。对于大的系统(如大型集团或企业)，规模越大，数据越复杂，数据处理就越要求集中。由于网络中的每台计算机只能作为一个用户完成特定的任务，这使数据处理又具有相对分散的特点。计算机方式下的会计信息系统，在会计信息的处理过程中，人工干预较少，由程序按照指令进行管理，所以具有自动化的特点。

3. 人机结合的系统

会计工作人员是会计信息系统的组成部分，不仅要进行日常的业务处理，还要进行计算机软、硬件故障的排除。会计数据的输入、处理及输出是手工处理和计算机处理两方面的结合。有关原始资料的收集是技术化的关键性环节，原始数据必须经过手工收集、处理后才能输入计算机，由计算机按照一定的指令进行数据的加工和处理，将处理的信息通过一定的方式存入磁盘，打印在纸张上或通过显示器显示出来。

4. 内部控制更加严格

会计电算化信息系统的内部控制制度有了明显的变化，新的内部控制制度更强调手工与计算机结合的控制形式，控制要求更严，控制内容更广泛。控制内容主要有：把好数据输入关，将非法数据排除在系统之外；处理中和处理后应随时进行数据一致性检查，并通过操作员授权、提供运行标志，软件上采用容错、检错、纠错处理技术，数据定期备份、设置并控制运行状态等手段来加强内部控制，以保证系统的安全与可靠。

第二节　会计电算化的发展

管理水平的提高和科学技术的进步对会计理论、会计方法和会计数据处理技术提出了更高的要求，使会计电算化经历了由简单到复杂、由落后到先进、由手工到机械、由机械到计算机的发展过程。

一、国外会计电算化的发展

1946年,世界上第一台计算机ENIAC问世。1954年10月美国通用电气公司首次利用计算机计算职工薪金,从而引发了会计处理技术的变革,标志着会计电算化这门学科的产生。会计电算化最初的处理内容仅限于工资计算、库存材料的收发和核算等一些数据处理量大、计算简单而重复次数多的经济业务。

20世纪50年代中期至60年代,伴随着计算机技术的不断发展以及操作系统的出现,特别是高级程序设计语言的出现,使计算机的应用日益广泛。在会计实务中,开始从单项处理向综合数据处理转变,除了完成基本账务处理之外,也开始具有一定的管理、分析等功能。

20世纪70年代,计算机技术迅猛发展,计算机网络的出现和数据库管理系统的应用,形成了应用电子计算机的管理信息系统。企业管理中全面地应用了电子计算机,存储在计算机上的数据资源实现共享,会计电算化信息系统成为企业管理信息系统的一个重要组成部分,企业的最高决策也借助于计算机系统提供的信息,这就大大提高了工作效率和管理水平。

20世纪80年代,微电子技术进一步发展,微型计算机大批涌现,并进入社会各个领域,人类进入了信息社会,会计电算化出现了普及之势。国际会计师联合会于1987年10月在日本东京召开了"第十三届世界会计师大会",中心议题是"计算机在会计中的应用",成为计算机会计信息系统广泛普及的重要标志。到80年代末,日本、美国及西欧各国较为普遍地实现了会计电算化。

20世纪90年代,随着计算机网络技术、多媒体技术、信息技术的发展,会计信息系统在国际上呈现出广泛普及之势,并向着高技术、综合化、智能化方向发展。

二、我国会计电算化的发展

我国由于受到各方面条件的制约,会计电算化工作起步较晚,始于1979年,其发展历程大体可以概括为以下四个阶段。

(一)缓慢发展阶段

我国会计电算化的缓慢发展阶段(1983年以前)始于20世纪70年代少数企事业单位单项会计业务的电算化,计算机技术应用到会计领域的范围十分狭窄,涉及的业务内容十分单一,最为普及的是工资核算的电算化。在这个阶段,由于会计电算化人员缺乏,计算机硬件比较昂贵,软件汉化不理想,会计电算化没有得到重视,因此,会计电算化发展比较缓慢。

(二)自发发展阶段

1983—1986年是我国会计电算化的自发发展阶段。这个阶段,全国掀起了计算机应用的热潮，加上微机在国内市场上的大量出现，企业也有了开展电算化工作的愿望，纷纷组织力量开发财务软件。由于这一时期的会计电算化工作在宏观上缺乏统一的规范、指导与管理，开展会计电算化的单位也没有建立相应的组织管理制度和控制措施，使得会计电算化工作和会计软件的开发多是单位各自为政，盲目自行组织和开发会计软件，低水平的重复开发现象严重；会计软件的通用性、适用性差；盲目上马，浪费严重。针对这种情况，在对会计电算化实践经验总结的基础上，结合理论研究，全国开始了既懂会计又懂计算机的复合型人才的培训工作。

(三)稳步发展阶段

1986—1996年是我国会计电算化的稳步发展阶段。在这一阶段，财政部和中国会计学会在全国大力推广并加强会计电算化的管理工作，各地区财政部门和企业管理部门也逐渐开始对会计电算化工作进行组织和管理，使会计电算化走上了有组织、有计划的发展轨道，并得到了蓬勃的发展。这个阶段的主要标志是：商品化财务软件市场从幼年走向成熟，初步形成了财务软件市场和财务软件产业；一部分企事业单位逐步认识到开展会计电算化的重要性，纷纷购买商品化财务软件或自行开发财务软件，甩掉了手工操作，实现了会计核算业务的电算化处理；逐步培养和形成了一支力量雄厚的会计电算化队伍；与单位会计电算化工作的开展相配套的各种组织管理制度及其控制措施逐步建立和完善起来；会计电算化的理论研究工作开始取得成效。

(四)竞争提高阶段

1996年至今是我国会计电算化的竞争提高阶段。随着会计电算化工作的深入开展，特别是在财政部及各省市财政部门的大力推广下，财务软件市场进一步成熟，并出现激烈竞争的态势，各类财务软件为增强市场竞争力进一步拓展功能，各专业软件公司进一步发展壮大。这一阶段的主要标志是：国外一些优秀的财务软件进入并开始在国内市场立足；国内老牌专业财务软件公司迅速发展壮大，如北京用友、深圳金蝶等财务软件公司。管理型财务软件的成功开发及推广应用，进一步拓展了财务软件的功能，加快了会计电算化专业人才的培养步伐，特别是加大了中高级人才的培养力度，使会计电算化专业的研究生进一步增加，并开始在会计电算化方向设立博士生。

三、我国会计电算化的发展趋势

互联网和电子商务对财务软件的影响非常大，基于Web应用，包括财务管理、生产管理、人力资源管理、供应链管理、客户关系管理和电子商务应用在内的完整的企业应用软件将会得到全面发展。纵观国内会计信息系统的发展历程，并结合我国的现状，会计电算化系统主要向以下三个方向发展。

(一)全面推进网络化

虽然我国有很多企业的会计电算化系统已实现网络化，但仍有一些中小企业在使用单机会计电算化系统，随着企业管理要求的进一步提高，需要充分发挥会计电算化系统的功能和作用，而网络化是一种有效方式。建立网络，可做到信息共享，实现信息的实时处理，充分利用各种经济信息，提高管理水平。

(二)从以核算为中心到以管理、辅助决策为中心

目前国内早已认同把会计信息系统的中心从核算转到管理和辅助决策，但企业中所建立的会计电算化系统基本上是用于已发生的会计业务，反映和提供已完成的经济活动的信息。然而，现代经济活动已对管理者提出了更高的要求，反映以往经营活动的核算信息系统，必须向管理、决策支持系统发展。

1996年第二届全国会计电算化会议提出了"财务会计软件从核算型向管理型发展的"口号，为我国会计电算化发展指明了方向。会计信息系统是企业管理信息的加工中心，在管理信息系统中占有举足轻重的地位，管理型会计软件所依赖的信息主要来自会计核算系统。目前，我国功能较强的会计电算化系统包括分析、预测、决策、规划、控制和责任评价等方面的功能，并向管理会计方向延伸。会计信息系统要提高管理层次，就要和企业管理信息系统的其他系统进行有机结合，将现有的会计信息系统逐步发展成全面的管理信息系统，这样才能适应现代企业管理的需要。

(三)从结构化系统到智能化专家系统

目前国内外的会计信息系统，都是按预先设定的工作程序和思路处理数据(即结构化处理模式)，不能自动进行判断和分析并做出相应处理，将来的系统将向模拟人的智能方向发展，目的是利用现有的信息和专家知识库帮助企业进行预测和决策。

第三节 会计软件的开发方法

会计软件是会计信息系统的重要组成部分，通过会计软件的运行可以实现会计信息系统对数据的采集输入、存储、加工处理和输出，因此进行会计软件开发时，必须以系统观点为指导思想，制定系统开发的原则，确定整个系统的结构，划分开发过程的各个阶段并明确各阶段的任务，规定实施规则的具体方法、实施步骤及要求，使之规范化、系统化、工程化，以便于整个开发工作有组织、有计划、有目的地进行。目前应用较多的系统开发方法有原形法、生命周期法和面向对象方法。

一、原形法

(一)原形法的概念

原形法是系统开发者在初步了解用户需求的基础上，开发出能实现系统最基本功能的一个原形，再根据用户对原形使用与评价的意见，提出修改方案，修改并完善原形，如此反复多次，直到得到用户满意的最终系统为止。

(二)原形法的开发过程

原形法是随着用户和开发人员对系统认识和理解的逐步加深而不断地对系统进行修改和完善的过程。原形法分为四个阶段：确定用户需求，设计系统原形，使用、评价原形，修改和完善原形。开发过程如图1-1所示。

图1-1 原形法的开发过程

原形法各阶段的工作内容如下。

第一阶段：确定用户需求。主要任务是通过调查表、讨论会、现场调研等形式在几天或几个星期内确定用户最基本、最迫切的要求。

第二阶段：设计系统原形。根据用户的初步需求，在短时间内设计出能实现用户最基本要求的系统原形。

第三阶段：使用、评价原形。主要任务是先由用户试用原形，找出原形存在的不足，提出修改原形的具体意见。

第四阶段：修改和完善原形。系统开发人员根据用户提出的改进意见，对原形进行修改完善，修改后再交由用户使用、评价，直到用户满意为止。

(三)原形法的评价

1. 优点

用户参与了系统开发的所有阶段，因此用户的需求可以及时、较好地得到满足，系统的实用性强；用户可以及早接触和使用未来系统的原形，有利于日后的系统使用和维护；开发周期大大缩短，开发费用较少。

2. 缺点

原形法没有进行系统全面的分析与设计，新系统是在初始原形基础上随着用户和开发者对系统认识的加深而不断进行补充和细化后形成的。开发过程以用户为中心，开发过程中存在大量的重复工作。

3. 适用范围

原形法适用于开发小型应用软件或需求不够明确或不断变化的软件。

二、生命周期法

(一)生命周期法的概念及特点

1. 概念

生命周期法是把信息系统的开发过程视为一个由系统调查和可行性研究、系统分析、系统设计、系统实施、系统运行维护等阶段组成的生命周期，每个开发阶段都有明确的目标与任务，都要形成相应的文档资料以作为下一阶段开发工作的基础和依据。它把信息系统的整个生存期定为一个生命周期，系统开发工作是一个循序渐进、逐步发展的连续过程。

2. 特点

生命周期法具有以下特点。

(1) 采用结构化方法进行系统分析和设计。在系统开发的过程中，将系统目标层层分解并具体落实到每一个设计的环节，从而使得系统的逻辑结构较为严密。

(2) 面向用户需求，注重调查分析。由于采用生命周期法开发的系统规模一般较大，目标稳定，因而对用户的需求分析工作显得特别重要，只有充分了解用户的需求之后，系统开发才能进入下一个环节。

(3) 各开发阶段分工严格。在生命周期法中，系统各个开发阶段的分工十分严格，各个阶段的工作任务、工作成果都比较明确，并要求有标准化的图、表、说明等组成的阶段文档资料。

(4) 具有较强的系统性。生命周期法的开发过程具有较强的系统性，包括结构化分析、结构化设计、结构化程序设计等一套完整的开发方法，开发出的软件质量高，并且一次性交付给用户一个完整的系统。

(二)生命周期法的开发过程

生命周期法将软件工程和系统工程的理论和方法引入会计信息系统的研制开发中，采用结构化、模块化、自顶向下的方法分析和设计系统。具体来说，系统开发过程划分为五个阶段：系统调查和可行性研究、系统分析、系统设计、系统实施以及系统运行维护，这五个阶段构成了信息系统的生命周期。生命周期法的开发过程如图1-2所示。

1. 系统调查和可行性研究

系统调查和可行性研究的主要任务是对现行系统进行认真的初步调查，在经济、技术和组织等各方面对新系统开发的必要性和可能性进行分析，并编写可行性分析报告。系统调查和可行性研究通常按照以下三个方面依次进行。

(1) 初步调查。根据企业对会计信息系统的初步要求，对企业的组织结构、管理体制、经济环境、会计业务、系统的开发条件等进行初步调查，掌握与系统有关的基本情况。初步调查是对现有系统的总体调查，确定建立新系统的主要目标，预计建立新系统可能产生的收效。初步调查是可行性研究和制订开发计划的基础。

(2) 可行性分析。在初步调查的基础上，分析企业在现有的具体条件下，新系统开发工作是否可行，从管理体制、技术水平、经济条件、人员知识结构等方面来研究并论证开发新系统的可行性。

(3) 可行性研究报告。可行性研究报告是系统调查和可行性研究阶段的工作成果，是系统分析的基本资料，包括初步调查的资料，对所需资金、工作量的预算，开发计划等内容。

图 1-2 生命周期法的开发过程

2. 系统分析

系统分析是指在初步调查的基础上，对现有系统进行详细调查，对现有系统进行全面的分析研究，找出现有系统存在的问题，在充分理解用户需求的基础上，确定新系统的目标，建立新系统的逻辑模型，将现有系统模型转换成能实现系统目标的新系统的逻辑模型，解决新系统"做什么"的问题，并编写系统分析说明书。系统分析一般有以下三步。

(1) 分析和描述现有系统模型。对现有系统进行详细调查，获取各种资料，利用数据流程图、数据字典等分析工具描述系统的数据处理过程，包括输入、输出、存储和加工等处理过程。

(2) 分析和描述新系统模型。在充分理解用户需求的基础上，改善现有系统中不合理的部分，增加用户需要的新功能，将现有系统的逻辑模型转化成新系统的逻辑模型。

(3) 编写系统分析说明书。编写系统分析说明书是系统分析的最终结果，它反映了新系统的功能需求、性能需求、运行环境等方面的内容，是系统设计的基础，也是系统验收时的主要评价标准。系统分析说明书主要包括：①现有系统概况；②新系统的逻辑模型，包括新系统的目标、子系统的划分、新系统的数据流程图、数据字典及性能说明等；③运行环境规定。

3. 系统设计

系统设计是在系统分析的基础上，根据新系统的逻辑模型建立物理模型，设计系统的具体实施方案，解决新系统"怎么做"的问题，并要编写系统设计说明书。系统设计一般有以下三步。

(1) 概要设计。概要设计又称总体设计，是根据系统分析说明书规定的系统目标、功能，运用结构化的设计方法，建立系统总体结构，确定系统的功能结构图，并定义各模块的功能和相互之间的接口关系。概要设计提供了一个完整的系统框架，是整个系统设计的核心和基础。概要设计具体分为三个方面：①子系统的划分，主要是将新系统按功能划分为若干子系统。②模块结构图。系统设计常用的方法是结构化系统设计方法，即将一个大的系统通过"自上而下"和"自下而上"的方法，逐层划分为多个功能明确、大小适当和易于程序实现的模块。设计模块时要尽量降低模块间的耦合度，提高模块间的聚合度，划分的模块大小要适中。③系统配置方案的设计，主要是根据系统性能、吞吐量、响应时间等选择计算机系统的配置。

(2) 详细设计。详细设计是概要设计的进一步细化，是在系统总体设计的基础上，确定新系统各个模块的具体实现方案。详细设计的内容主要有：代码设计、输出设计、输入设计和数据文件设计等。

(3) 系统设计说明书。完成系统设计后要编写系统设计说明书，系统设计说明书的内容主要包括系统设计的目标和任务、系统总体设计方案、系统详细设计方案、系统物理设计方案。

4. 系统实施

系统实施阶段的主要任务是将系统设计的新系统方案转化为可运行的实际系统，进行程序设计和系统调试。

(1) 程序设计的主要任务是根据系统分析和系统设计的文件，使用某种程序设计语言和编程工具编写出可在计算机上执行的源程序。常用的程序设计方法是结构化程序设计方法。

(2) 系统调试的主要任务是对程序设计的结果进行全面的检查，查找错误，并纠正错误。系统调试包括程序调试和系统联调两部分。程序调试是以程序模块为单位，对模块逐个进行调试以发现其中的语法错误和逻辑错误等。系统联调是在程序模块单调的基础上，依据系统分析报告，将相关的模块和相关的子系统连接起来进行调试。

完成系统调试后，如果系统功能完备，性能良好，就可以用新系统替代老系统，进行系统转换。

5. 系统运行维护

系统运行维护的主要任务是完成系统转换，可让新旧系统并行运行一段时间后，再把新系统正式投入运行，并在系统运行中进行维护。

(三)生命周期法的评价

1. 优点

生命周期法强调系统开发过程的整体性和全局性;各个阶段的任务相对独立,降低了系统开发的复杂性;便于不同人员分工协作,提高了可操作性;发现问题可以及时反馈和纠正,保证了软件质量,提高了软件的可维护性。

2. 缺点

采用生命周期法开发系统的周期较长,系统目标不易改变,前阶段所犯错误必然会带入后一阶段,而且越是前面犯的错误对后面工作的影响越大,更正错误所花的工作量也就越大。在功能经常要变化的情况下,难以适应变化要求,不支持反复开发。

3. 适用范围

生命周期法适用于大型信息系统的开发。

三、面向对象方法

(一)面向对象方法的概念

面向对象方法(Object-Oriented Method)是一种把面向对象的思想应用于软件开发过程中,指导开发活动的系统方法,简称OO(Object-Oriented)方法。该方法是建立在"对象"概念基础上的方法。所谓面向对象就是基于对象概念,以对象为中心,以类和继承为构造机制,来认识、理解、刻画客观世界以及设计、构建相应的软件系统。

(二)面向对象方法的实施步骤

1. 面向对象分析

面向对象分析是从问题陈述入手,分析和构造所关心的现实世界问题域的模型,并用相应的符号系统表示。面向对象的分析步骤如下。

(1) 确定问题域,包括定义论域、选择论域、根据需要细化和增加论域。
(2) 区分类和对象,包括定义对象、定义类、命名。
(3) 区分整体对象以及组成部分,确定类的关系以及结构。
(4) 定义属性,包括确定属性、安排属性。
(5) 定义服务,包括确定对象状态、确定所需服务、确定消息联结。
(6) 确定附加的系统约束。

2. 面向对象设计

面向对象的设计与传统的以功能分解为主的设计有所不同,其具体设计步骤如下。

(1) 应用面向对象分析,对用其他方法得到的系统分析的结果进行改进和完善。
(2) 设计交互过程和用户接口。

(3) 设计任务管理，根据前一步骤确定是否需要多重任务，确定并发性，确定以何种方式驱动任务，设计子系统以及任务之间的协调与通信方式，确定优先级。

(4) 设计全局资源，确定边界条件，确定任务或子系统的软、硬件分配。

(5) 对象设计。

3. 面向对象实现

使用面向对象语言实现面向对象的设计相对比较容易。如果用非面向对象语言实现面向对象的设计，要特别注意保留程序的面向对象结构。

(三)面向对象方法的评价

1. 优点

面向对象方法的优点是：符合人们通常的思维方式；从分析到设计，再到编码，采用一致的模型表示，具有高度连续性；实现软件复用，简化程序设计；适应性强，应用范围广，语言本身简洁，使用灵活；表达能力强，数据结构系统化，控制流程结构化，运行程序质量高、效率高、可移植性好；系统易于维护；缩短了开发周期。

2. 缺点

面向对象方法的缺点是：需要一定的软件环境支持；不太适合大型的管理信息系统开发，若缺乏整体系统设计划分，易造成系统结构不合理、各部分关系失调等问题；只能在现有业务基础上进行分类整理，不能从科学管理角度进行理顺和优化；初学者不易接受、学习难度大。

3. 适用范围

面向对象的方法适用于中小型信息系统的开发。

本 章 小 结

本章内容是本课程的理论基础。会计是一个信息系统，会计信息系统是企业信息系统中的一个重要的子系统。会计电算化信息系统在企业信息系统中处于核心地位。近年来随着软件技术的飞速进步，会计电算化信息系统正在从核算型向管理型发展，正在纳入企业的全面管理信息系统之中。会计软件的开发方法主要有原形法、生命周期法和面向对象方法，在学习过程中要注意对比它们的开发思想，理解其开发原理和适用范围，为以后各章的学习奠定基础。

第一章 会计电算化概论

自 测 题

一、单项选择题

1. "会计电算化"一词最早是在( )年由中国会计学会在长春市召开的"财务、会计、成本应用电子计算机问题研讨会"上正式提出来的。
   A. 1981　　　B. 1979　　　C. 1988　　　D. 1983
2. 企业管理信息系统中的核心子系统是( )。
   A. 人力资源管理系统　　　　B. 物流管理系统
   C. 生产计划系统　　　　　　D. 会计信息系统
3. 会计信息系统按照管理职能可分为三个子系统,其中( )是基础。
   A. 核算子系统　　B. 管理子系统　　C. 决策子系统　　D. 财务分析子系统
4. 会计软件属于( ),是会计电算化信息系统的重要组成部分。
   A. 系统软件　　　B. 应用软件　　　C. 通用软件　　　D. 专用软件
5. 程序设计属于系统生命周期法的( )阶段。
   A. 系统调查和可行性研究　　B. 系统分析阶段
   C. 系统设计阶段　　　　　　D. 系统实施阶段
6. 世界上最早使用计算机进行会计核算的项目是( )。
   A. 薪资计算　　　　　　　　B. 库存材料的收发
   C. 库存商品的核算　　　　　D. 利润的计算
7. 生命周期法中的系统分析阶段,主要解决新系统"做什么"的问题,这一阶段要将现行系统模型转换成新系统的逻辑模型,并编写( )。
   A. 系统设计说明书　　　　　B. 系统分析说明书
   C. 系统程序说明书　　　　　D. 系统可行性分析报告
8. 生命周期法中的系统设计阶段,主要解决新系统"怎么做"的问题,要根据新系统的逻辑模型建立系统的( )。
   A. 问题域　　　B. 结构图　　　C. 数据流程图　　　D. 物理模型
9. ( )建立系统总体结构,确定系统的功能结构图,并定义各模块的功能和相互之间的接口关系,提供了系统的一个完整的框架,是整个系统设计的核心和基础。
   A. 详细设计　　B. 程序设计　　C. 概要设计　　D. 数据文件设计
10. 生命周期法的主要缺点是系统的开发周期一般较长、( )等。
    A. 工程复杂　　　　　　　　B. 系统目标稳定
    C. 以用户为中心　　　　　　D. 系统目标不断变化

二、多项选择题

1. 下面关于会计信息系统的叙述中正确的是( )。

A. 会计信息系统是一个组织处理会计业务的系统
B. 会计信息系统为企业管理者、投资者、债权人、政府部门提供财务信息
C. 会计信息系统提供的财务信息，为企业的经营活动和决策活动服务
D. 会计信息系统是一个封闭系统，与其他系统没有信息联系

2. 会计电算化信息系统由(　　)等部分组成。
   A. 计算机硬件和软件　　　　B. 人员
   C. 数据　　　　　　　　　　D. 规程

3. 下列说法中正确的是(　　)。
   A. 信息必然是数据
   B. 数据未必是信息
   C. 数据和信息没有什么区别
   D. 信息和数据是相对的，上一步骤产生的信息又是下一步骤加工的数据

4. 利用原形法开发信息系统分为(　　)阶段。
   A. 确定用户需求　　　　　　B. 设计系统原形
   C. 使用、评价原形　　　　　D. 修改和完善原形

5. 我国会计电算化的发展经历了(　　)等阶段。
   A. 缓慢发展阶段　　　　　　B. 自发发展阶段
   C. 稳步发展阶段　　　　　　D. 竞争提高阶段

三、判断题

1. 管理型会计软件的信息主要来自会计核算系统。(　　)
2. 会计信息系统是一个以解决会计核算为目的的软件。(　　)
3. 生命周期法是开发信息系统最好的方法，开发会计电算化信息系统只能用生命周期法。(　　)
4. 在开发会计电算化信息系统时，可以选用多种开发方法，原形法只适用于小规模企业会计电算化信息系统的开发。(　　)
5. 面向对象方法适用于大型信息系统的开发。(　　)

四、简答题

1. 我国会计电算化的发展经历了哪几个阶段？
2. 试述我国会计电算化的发展趋势。
3. 会计电算化信息系统有哪些主要特点？
4. 会计电算化信息系统的构成要素有哪些？
5. 简述生命周期法的开发步骤。

第二章 会计核算软件模块的应用

【学习要点及目标】

通过对本章内容的学习,掌握在系统管理中建立账套和设置用户及权限的方法;熟悉在企业应用平台中进行基础设置的方法;了解总账管理系统、薪资管理系统和固定资产管理系统的应用方案以及报表管理系统的种类;掌握总账管理系统、薪资管理系统、固定资产管理系统的初始设置和日常处理以及期末处理的操作流程;掌握自定义报表和利用报表模板生成报表的方法。

【本章内容引言】

会计核算软件是指专门用于完成会计核算工作的电子计算机应用软件,主要包括总账管理系统、报表管理系统、薪资管理系统和固定资产管理系统。学好、用好会计软件是会计电算化工作的重要前提。本章依据企业实际会计业务处理的过程,全面、系统地介绍了各个系统的工作流程和操作方法,使用户在熟悉应用会计软件的基础上,结合会计软件的总体结构,更加深入地理解、掌握利用会计软件处理会计业务的基本原理。

第一节 系统管理和企业应用平台

在财务、业务一体化管理的应用模式下,企业财务与管理软件各系统的环境必须统一,以实现企业的资金流、物资流、信息流的三流统一管理。整个软件系统为各系统提供了一个公共的系统平台——系统管理和企业应用平台,用于对整个系统的公共任务进行统一管理,如企业账套的建立、用户的设置及权限的划分、基础档案的设置等,其他任何系统的独立运行都必须以此为基础,并且各个系统共享公用的基础信息。

一、系统管理

(一)系统管理的工作流程

系统管理是企业财务和管理软件各个模块使用的基础,其工作流程如图 2-1 所示。

1. 系统注册

系统允许以两种身份注册进入系统管理:一是以系统管理员的身份,二是以账套主管的身份。系统管理员负责整个系统的总体控制和维护工作,可以管理该系统中的所有账套。账套主管负责所选账套的维护工作。

图 2-1　系统管理的工作流程

2. 设置用户

用户是指有权登录系统，对系统进行操作的人员。每次登录系统，都要进行用户身份的合法性检查。只有设置了具体的用户之后，才能进行相关的操作。

3. 建立账套

首次启用系统时，必须建立新的核算账套，包括账套名称、账套路径、启用会计期、确定行业性质等。这些参数决定了系统内数据处理的方式及数据输入、输出形式，所以这项工作十分重要，必须由系统管理员根据本单位的实际情况进行设置。

4. 设置用户权限

权限是指用户所具有的操作权限，主要包括对会计软件各个模块的使用权限。指定权限后，该用户只能在规定的权限范围内操作，这样可以有效地防止越权操作现象的发生。

(二)系统管理的操作

根据系统管理的工作流程，系统管理的操作步骤如下。

1. 系统注册

系统中预先设置一个系统管理员 admin，第一次运行时，要以系统管理员的身份注册进入系统管理。选择"开始"|"程序"|"用友 ERP-U8"|"系统服务"|"系统管理"命令，进入系统管理窗口。

2. 设置用户

建立新账套时，必须由系统管理员设置用户，用户设置的主要内容有：用户编号、姓名、口令和所属部门。选择"权限"|"用户"命令，进行用户的增加、修改与删除。

3. 建立账套

为了方便操作，会计软件中大都设置了建账向导，用来引导用户的建账过程。企业建立账套时，需要向系统提供有关企业特征的信息，一般可以在一套软件系统下建立多个账套，以满足不同单位的多层次需要。系统管理员选择"账套"|"建立"命令，然后输入账套的基本信息。

(1) 输入账套信息。账套信息包括账套号、账套名称、账套路径和启用会计期。

用友软件允许同时设置多个账套。账套号是一个用来区别不同核算单位的编码，通常用三位数字来表示，账套号必须是唯一的，而且不能是已有账套中的账套号；账套名称一般是使用该账套的企业或单位的名称；账套路径用于指定每个账套数据库文件存放的具体位置，用户可以采用系统默认路径，也可以根据需要自行指定路径；启用会计期用于规定该企业用计算机进行业务处理的起点，一般要指定年、月，启用日期在第一次初始设置时设定，一旦启用不可更改。

(2) 输入单位信息。单位信息包括单位名称、单位简称、地址、电话等。

(3) 设置核算类型。核算类型包括本币代码、本币名称、账套主管、企业类型、行业性质和是否按行业性质预置科目。

从方便使用出发，用户可以选中"按行业性质预置科目"复选框，在此基础上，用户可以根据本单位的实际需要增设或修改必要的明细核算科目。如果不选，则由用户自己设置会计科目。

(4) 设置基础信息。基础信息包括存货是否分类、客户是否分类、供应商是否分类和有无外币核算。

(5) 设置编码方案。编码方案一般包括科目编码、客户分类编码、供应商分类编码、存货分类编码、部门编码和结算方式编码等。

编码方案的设置取决于核算单位经济业务的复杂程度以及核算与统计要求。编码规则设定后，一经使用就不允许再变动。

(6) 确定数据精度。数据精度是指数据的小数位数。

在会计核算过程中，由于各企业对数量、单价的核算精度要求不一致，有必要明确定义主要数量、金额的小数保留位数，以保证数据处理的一致性。

确定数据精度完成后，系统弹出"创建账套"提示框，单击"否"按钮，结束建账过程。

4. 设置用户权限

用户权限即指三个层次权限中的功能权限，主要规定了每个操作员对各模块及细分功能的操作权限。选择"权限"|"权限"命令，可以对不同操作员进行相应权限的设置。进行权限设置前必须先选定账套及其年度。

在用友软件中，可以对用户权限进行以下分类。

1) 系统管理员

系统管理员主要是对整个会计软件进行统一管理。其权限包括：建立账套、输出/引入账套、设置操作员及权限分配、查看上机日志等。他负责整个系统的安全和维护工作，不参与具体账套的核算工作。该操作员的权限是软件默认的，不需要用户定义。

2) 账套主管

账套主管主要是对所选账套进行统一管理。其权限包括修改账套、输出/引入年度账、设置该账套用户权限等。账套主管负责所选账套的维护工作，参与本账套会计核算工作。

在"操作员权限"窗口中,用户可按照"选择账套→指定操作员→勾选账套主管"的顺序将某个操作员指定为本账套的主管。

3) 普通操作员

普通操作员是指除了系统管理员和账套主管以外的其他参与软件操作的人员。普通操作员应按照系统管理员分配的权限进行相应操作。在为普通操作员授权时,在"操作员权限"窗口中应先进行"指定操作员→选择账套"的操作,再单击"修改"按钮,打开"增加和调整权限"对话框,为该操作员指定具体的权限。

5. 修改账套

当系统管理员建完账套后,在未使用相关信息的基础上,有时需要对某些信息进行调整,以便使信息更真实、准确地反映企业的相关内容。通过选择"账套"|"修改"命令,即可修改账套。可以修改的信息主要有账套名称、单位信息、基础信息、编码方案和数据精度信息;不允许修改的信息是核算类型(行业性质除外)。

6. 账套输出和账套引入

1) 账套输出

账套输出是指账套数据的备份或删除。对于企业系统管理员来讲,定期地将企业数据备份存储到不同的介质上(如常见的软盘、光盘、网络磁盘等),对数据的安全性是非常重要的。如果企业由于不可预知的事情(如地震、火灾、计算机病毒、人为误操作等)需要对数据进行恢复时,备份数据就可以将企业的损失降到最小。系统管理员选择"账套"|"输出"命令,即可完成账套输出或删除的操作。

2) 账套引入

账套引入是指数据的恢复,即将系统外某账套数据引入本系统中。该功能有利于集团公司的操作,可以将子公司的账套数据定期引入母公司系统中,以便进行有关账套数据的分析和合并。系统管理员选择"账套"|"引入"命令,即可完成账套引入的操作。

二、企业应用平台

企业应用平台是用友ERP-U8管理软件的唯一入口,实现了用友ERP-U8管理软件各系统统一登录、统一管理的功能。

(一)系统启用

启用系统的方法有两种:一种是系统管理员在建立账套时直接启用,另一种是账套主管在企业应用平台的基本信息中进行系统启用。

(二)基础设置

基础设置是会计软件的所有系统共享的公用信息,在启用新账套之前,应根据企业的实际情况与业务要求,事先做好基础信息资料的准备工作,以使初始建账工作顺利进行。

基础设置的内容包括部门档案、人员类别、人员档案、客户分类、客户档案、供应商分类、供应商档案等。设置方法是：进入"企业应用平台"窗口，在"基础设置"选项卡的"基础档案"中进行设置，其结果是由各个模块共享基础信息。

1. 部门档案

部门档案是会计软件对职工信息按部门检索、分类汇总的依据。按照定义好的部门编码级次原则，输入部门编码及其信息。部门档案包括部门编码、部门名称、负责人、部门属性等信息。其中，部门编码和部门名称必须录入，而且部门编码必须唯一。

2. 人员类别

人员类别是人员档案中的必选项目，需要在人员档案建立之前设置。人员类别与工资费用的分配、分摊有关，设置人员类别的目的是为工资分摊生成凭证设置相应的入账科目做准备，可以按不同的入账科目需要设置不同的人员类别。

3. 人员档案

人员档案主要用于记录本单位使用系统的人员列表，包括人员编码、人员姓名、人员类别、行政部门、性别及人员属性等。其中，人员编码、人员姓名、人员类别、行政部门、性别必须录入，而且人员编码必须唯一。

4. 客户分类与客户档案

1) 客户分类

若用户在建立账套时选中"客户分类"复选框，则在为本单位的客户建立档案前必须先进行客户分类设置。通常，用户可将客户按行业、地区等进行划分。若用户在建立账套时取消选中"客户分类"复选框，则在建立本单位的客户档案时不需要进行分类。

2) 客户档案
建立客户档案时，必须在最末级客户分类下增加。

5. 供应商分类与供应商档案

若用户在建立账套时选中"供应商分类"复选框，则在为本单位的供应商建立档案前必须先进行供应商分类设置。建立供应商档案时，必须在最末级供应商分类下增加。

第二节 总账管理系统的应用

总账管理系统是整个企业会计软件的核心系统，它与其他系统之间存在着密切的数据传递关系。它既可以独立运行，也可以同其他系统协同运作。总账管理系统是以凭证为原始数据，通过对凭证的输入和处理，完成记账、银行对账、期末结账、账证表的查询与打印等账务处理工作。由于总账管理系统产生的账表要向外报送给信息使用者，因此，必须保证账务处理数据的正确性，以保证输出账表的真实性。

一、总账管理系统概述

(一)总账管理系统的应用方案

由于企业会计核算和管理的需求不同,总账管理系统的应用方案也不尽相同。对于往来业务较多的企业,会有较多的往来客户和供应商。总账管理系统有以下两种应用模式。

1. 总账+往来模式

采用总账+往来模式,客户(供应商)核算在总账管理系统中进行;在总账中可以查询供应商往来和客户往来辅助账,科目要设置为客户(供应商)往来核算科目;期初余额录入时,客户(供应商)辅助核算的科目可以录入期初辅助数据;制单时,可以使用客户(供应商)辅助核算科目;月末结账时,不必判断应收(应付)系统是否已经结账;应收(应付)系统只有科目设置、制单、凭证查询等功能。

2. 总账+应收(应付)模式

采用总账+应收(应付)模式,客户(供应商)核算在应收(应付)管理系统中进行;在总账中科目要设置为客户(供应商)往来核算科目,该科目为应收(应付)受控科目;期初余额录入时,客户(供应商)辅助核算的科目只录入一个总数,不能录入期初辅助数据;制单时,不能使用客户(供应商)辅助核算科目;月末结账时,要判断应收(应付)系统是否已经结账;总账管理系统中没有客户(供应商)往来辅助查询;应收(应付)系统可以执行单据录入、核销、制单、查询等功能。

(二)总账管理系统的工作流程

总账管理系统的工作流程如图 2-2 所示。

1. 初始设置

初始设置是由用户根据本企业的需要建立账务应用环境,将一个通用的账务处理系统变成适合本单位实际需要的专用账务处理系统。主要包括设置系统参数、定义外币及汇率、建立会计科目、设置凭证类别、定义结算方式、设置项目目录以及录入期初余额等。初始设置工作的好坏,将直接影响会计电算化工作的效果。

2. 日常处理

初始设置工作完成后,就可以进行日常业务处理了。日常业务处理的任务主要包括填制凭证,审核凭证,记账,查询,打印输出各种凭证、日记账、明细账、总账和辅助账。

3. 期末处理

期末处理是指会计人员将本月发生的日常经济业务全部登记入账后,在每个会计期末都需要完成的一些特定的会计工作,主要包括银行对账、自动转账和结账。

图 2-2 总账管理系统的工作流程

二、总账管理系统初始设置

在进行总账管理系统的日常业务处理之前，要进行必要的系统初始设置工作，主要包括设置系统参数、定义外币及汇率、建立会计科目、设置凭证类别、定义结算方式、设置项目目录和录入期初余额。

(一)设置系统参数

设置系统参数是指对总账管理系统的一些选项进行设置，以便为总账管理系统配置相应的功能或执行相应的控制。第一次启用总账管理系统时，即出现参数设置窗口，可以进行部分参数的设置。在总账管理系统，选择"设置"|"选项"命令，单击"编辑"按钮，分别切换到"凭证""账簿""凭证打印""预算控制""权限""会计日历""其他"选项卡，按照企业实际要求对参数进行相应的设置或调整。

1．"凭证"选项卡

可查看及修改有关凭证的选项。选中"制单序时控制"复选框，则在制单时凭证号必须按日期顺序排列；选中"支票控制"复选框，在制单时若录入未在支票登记簿中登记的支票号，系统将提供登记支票登记簿的功能；选中"赤字控制"复选框，则在制单时，当

"资金及往来科目"或"全部科目"的最新余额出现负数时,系统将予以提示;选中"可以使用应收受控科目""可以使用应付受控科目"和"可以使用存货受控科目"复选框时,则在总账管理系统中也能使用这些科目填制凭证。

2. "账簿"选项卡

确定账簿打印位数的宽度,账簿打印方式是按年排页还是按月排页,打印凭证、正式账簿时是否使用软件提供的套打纸打印。

3. "凭证打印"选项卡

选中"打印凭证页脚姓名"复选框,在打印凭证时,自动打印责任人的姓名。

4. "预算控制"选项卡

选中"超出预算允许保存"复选框,则在制单输入分录时超过预算也可以保存,否则不予保存。

5. "权限"选项卡

选中"制单权限控制到科目"复选框,使操作员只能使用有权限的科目制单;选中"凭证审核控制到操作员"复选框,可实现审核人员审核权限的进一步细化;选中"出纳凭证必须经由出纳签字"复选框,则含有库存现金、银行存款科目的凭证必须由出纳人员通过"出纳签字"功能对其核对签字后才能记账;选中"允许修改、作废他人填制的凭证"复选框,则违反了内部控制制度,因此企业不应选取此项;选中"明细账查询权限控制到科目"复选框,可实现查询和打印权限的进一步细化。

6. "会计日历"选项卡

系统自动显示会计期间、开始日期和结束日期列表。此处只需用户确定"启用日期",确定数量、单价小数位及本位币精度。

7. "其他"选项卡

如果企业有外币业务,选中"外币核算"复选框,可设定制单时的汇率方式,即固定汇率或浮动汇率;如果企业有部门、个人、项目核算,则部门、个人、项目排序方式可选择是按编码排序还是按名称排序。

(二)定义外币及汇率

企业如有外币业务,应进行外币及汇率的定义,以便制单时调用。如果使用固定汇率,则应在每月月初录入记账汇率(即期初汇率),月末计算汇兑损益时录入调整汇率(即期末汇率);如果使用浮动汇率,则应每天在此录入当日汇率。

在企业应用平台的"基础设置"选项卡中,选择"基础档案"|"财务"|"外币设置"命令,完成外币及汇率的设置。

(三)建立会计科目

建立会计科目是总账管理系统初始设置工作中最重要的一项工作。财会人员应根据会计核算和管理的需要，建立适合本单位业务特点的会计科目体系，同时可以方便地增加、修改、删除、查询、打印和指定会计科目。

在企业应用平台的"基础设置"选项卡中，选择"基础档案"|"财务"|"会计科目"命令，打开"会计科目"窗口，进行相应的设置。

1. 增加科目

如果用户所使用的会计科目基本上与所选行业会计制度规定的一级会计科目一致，则可以在建立账套时选择预置行业会计科目。这样，在会计科目初始设置时只需对不同的会计科目进行修改，对缺少的会计科目进行增加处理即可。如果所使用的会计科目与会计制度规定的会计科目相差较多，则可以在建立账套时不选择预置行业会计科目，这样可以根据自身的需要自行设置全部会计科目。

(1) 科目编码：应按照科目编码规则进行定义，并按照科目编码级次的先后次序建立，即从一级科目开始，逐级向下设置明细科目。

(2) 科目名称：分为中文名称和英文名称，两者不能同时为空。

(3) 科目类型：即会计制度中规定的科目类型，分为资产、负债、所有者权益、成本、损益五大类。

(4) 账页格式：定义该科目在打印账簿时的默认打印格式。系统提供了金额式、外币金额式、数量金额式和数量外币式四种账页格式。一般情况下，有外币核算的科目可设为外币金额式，有数量核算的科目可设为数量金额式，既有外币又有数量核算的科目可设为数量外币式，既无外币又无数量核算的科目可设为金额式。

(5) 助记码：用于帮助记忆科目、提高录入和查询速度的一种编码。一般可由科目名称中各个汉字拼音的第一个字母组成，如银行存款的助记码可写为 YHCK。

(6) 科目性质(余额方向)：增加登记在借方的科目，科目性质为借方；增加登记在贷方的科目，科目性质为贷方。一般情况下，只能在一级科目设置科目性质，下级科目的科目性质与其一级科目保持一致。

(7) 辅助核算：也叫辅助账类，用于说明本科目是否有其他核算要求，系统除完成一般的总账、明细账核算外，还提供了部门核算、个人往来、客户往来、供应商往来和项目核算五种专项核算功能。例如，管理费用可设为部门核算，其他应收款可设为个人往来核算，应收账款可设为客户往来核算，应付账款可设为供应商往来核算，生产成本可设为项目核算。采用辅助核算可以减少会计科目设置的工作量，为会计核算实现交叉立体核算提供便利。

(8) 外币核算：用于设定该科目是否有外币核算，以及核算的外币名称。一个科目只能核算一种外币，只有具有外币核算要求的科目才允许也必须设定外币币名。

(9) 数量核算：用于设定该科目是否有数量核算，以及数量计量单位。计量单位可以是任何汉字或字符，如千克、件、吨等。

(10) 其他核算：用于说明本科目是否有其他要求，如银行账、日记账等。一般情况下，库存现金科目要设为日记账，银行存款科目要设为日记账和银行账。

2. 修改科目

如果要对设置完成的会计科目的名称、编码及辅助项目等内容进行修改，应在会计科目未使用之前通过会计科目的修改功能来完成。

3. 删除科目

如果某些会计科目目前暂时不需要或者不适合企业科目体系的特点，可以在未使用之前将其删除。删除科目应遵循"自下而上"的原则，即先删除下一级科目，然后再删除本级科目。

4. 查询科目

查询科目功能可以准确而迅速地定位在用户所要查询的科目上，以方便用户查询或修改科目的各种属性。

5. 指定科目

指定科目是指定出纳的专管科目。为了实现现金、银行存款管理的保密性，系统中需指定现金、银行科目。这样才能执行出纳签字和查看库存现金、银行存款日记账。如果需要在总账管理系统中设置现金流量辅助账，在此也要指定现金流量科目。

在"会计科目"窗口，选择"编辑"|"指定科目"命令，可以指定相应的会计科目。

(四)设置凭证类别

企业为了便于管理或登账方便，一般对记账凭证要进行分类编制。各单位的分类方法不尽相同，系统提供了五种常用的凭证分类方式，用户可以从中选择，也可以根据实际情况自行定义。软件为了防止凭证输入错误，在设置凭证类别的同时还允许用户对各类凭证进行"限制类型"定义。系统中可供选择的七种限制类型如下。

(1) 借方必有：制单时，此类凭证借方至少有一个限制科目发生。
(2) 借方必无：制单时，此类凭证中借方不允许有限制科目发生。
(3) 贷方必有：制单时，此类凭证贷方至少有一个限制科目发生。
(4) 贷方必无：制单时，此类凭证中贷方不允许有限制科目发生。
(5) 凭证必有：制单时，此类凭证中借方或贷方至少有一个限制科目发生。
(6) 凭证必无：制单时，此类凭证中借方或贷方都不允许有限制科目发生。
(7) 无限制：制单时，此类凭证可使用所有合法的科目。

限制科目由用户输入，可以是任意级次的科目，但科目之间要用逗号分隔，数量不限。若限制科目为非末级科目，则在制单时，其所有下级科目都将受到同样的限制。

在企业应用平台的"基础设置"选项卡中，选择"基础档案"|"财务"|"凭证类别"命令，可以根据企业具体核算要求设置相应的凭证类别。

(五)定义结算方式

任何单位的会计业务中都有银行结算业务,这类业务需要经常与银行对账。为了便于对有关票据进行管理和提高银行自动对账的效率,用户可以定义结算的方式。定义结算方式的内容包括以下几点。

(1) 结算方式编码:必须按照结算方式编码级次的先后顺序录入。

(2) 结算方式名称:与财务结算方式名称一致,如现金结算、支票结算等,并且必须唯一。

(3) 票据管理标志:可以根据实际情况选择是否需要。

在企业应用平台的"基础设置"选项卡中,选择"基础档案"|"收付结算"|"结算方式"命令,进行相应设置。

(六)设置项目目录

项目辅助核算是会计软件具有的管理功能之一。利用项目辅助核算功能,可以对产品成本、施工工程、科研课题、科研成本等核算对象进行管理。项目核算的种类多种多样,企业可以定义多个种类的项目核算。一般来说,可以将具有相同特性的一类项目定义成一个项目大类,一个项目大类可以核算多个项目。

在企业应用平台的"基础设置"选项卡中,选择"基础档案"|"财务"|"项目目录"命令,进行相应设置。

1. 定义项目大类

项目大类即项目核算的类别,如产品成本、工程项目、科研成本等项目大类。项目大类的名称是该类项目的总称,而不是会计科目的名称,如在建工程按具体工程项目核算,其项目大类名称应为工程项目而不是在建工程。在项目定义中可以定义多种项目大类,以便于企业的管理与核算。

2. 指定核算科目

指定核算科目就是具体指定需要进行项目核算的科目,这些科目必须是在建立会计科目时已经设置为项目核算的科目。一个项目大类可以指定多个科目,一个科目只能指定一个项目大类。如将库存商品、生产成本等科目指定为生产成本项目大类的科目;将在建工程科目指定为在建工程项目大类的科目。

3. 定义项目分类

为了便于统计,可对同一项目大类下的项目进一步划分,这就需要进行项目分类的定义。在"项目分类"选项卡中输入项目分类编码和分类名称即可。

4. 定义项目目录

选择项目目录后,系统将列出所选项目大类下的所有项目。"所属分类码"为此项目所属的最末级项目分类的编码。单击"维护"按钮,则可增加、删除和修改项目目录。

(七)录入期初余额

在初次使用总账管理系统时,为了保证会计数据的连续性和完整性,需要先将手工整理的各个会计科目的基础数据录入系统。这些基础数据包括总账科目期初余额和辅助账科目期初余额。为确保录入数据的正确性,必须进行试算平衡和期初对账。

1. 录入总账科目期初余额

在开始使用总账管理系统时,应先将各账户启用月份的月初余额和年初到该月的借贷方累计发生额计算清楚,并输入到总账管理系统中。如果是年初建账,可以直接录入年初余额;如果是在年中建账,则可录入启用当月(如4月)的期初余额及年初未用的月份(即1~3月)的借、贷方累计发生额,系统自动计算年初余额。

在总账管理系统中,选择"设置"|"期初余额"命令,进入"期初余额录入"窗口,将光标移到末级科目"期初余额"栏,直接录入数据,系统自动生成上级科目的余额。如果某科目为数量、外币核算,应录入期初数量、外币余额,而且必须先录入本币余额,再录入外币余额。

2. 录入辅助账科目期初余额

设置过辅助核算的科目必须按辅助项录入期初余额。对于设置了往来辅助核算的科目,如其他应收款、应收账款和应付账款等,录入辅助账期初余额后,还必须录入期初往来明细。

双击辅助核算科目的期初余额(年中启用)或年初余额(年初启用),屏幕显示"辅助期初余额"窗口,在该窗口中完成辅助核算科目余额的录入工作。录入完毕后,单击工具栏上的"往来明细"按钮,在该窗口中完成期初往来明细的录入工作,系统自动生成上级科目的余额。

此外,期初余额及累计发生额录入完成后,需单击"试算"按钮,查看期初余额试算平衡表,检查余额是否平衡;单击"对账"按钮,检查总账与明细账、总账与辅助账、辅助账与明细账的期初余额是否一致。单击"开始"按钮,对当前期初余额进行对账。若对账后发现错误,单击"对账错误"按钮,系统会把对账中发现的问题列示出来。

三、总账管理系统日常处理

总账管理初始设置完成后,就可以进行日常处理了。日常处理主要包括填制凭证、审核凭证、记账、修改与查询凭证、删除凭证和输出账簿。

(一)填制凭证

凭证是总账管理系统的起点,它的填制正确与否直接影响着后期账簿和报表的正确性。因此,准确、完整地填制凭证是总账管理系统中一项重要的基础工作。在填制凭证过程中,出现错误凭证在所难免。为更正错误,系统提供了对错误凭证进行修改或删除的功能。

以制单人身份登录总账管理系统,选择"凭证"|"填制凭证"命令,进入"填制凭证"窗口,单击"增加"按钮或按F5键,增加一张新凭证,在凭证各栏目中分别输入相应

的信息。

1. 凭证填制的内容

1) 凭证类别

凭证类别是初始化时定义的凭证类别，按 F2 键或单击"参照"按钮选择确定。

2) 凭证编号

为了保证凭证的连续性，一般由软件系统自动按月按类别进行连续编号。每类凭证每月都从 0001 开始，显示在凭证的左上角。

3) 制单日期

制单日期是指会计业务发生时的日期。一般由软件自动提取计算机系统时间，在此基础上，可结合凭证的实际操作日期进行修改。

4) 附单据数

附单据数即所附的原始凭证张数，可根据填制记账凭证所依据的原始凭证的张数输入。

5) 摘要

摘要是对当前业务所做的简短描述。在填制凭证时，除了可以在摘要栏中直接输入摘要内容外，还可以按 F2 键或单击"参照"按钮调用常用摘要。不同行的摘要可以相同，也可以不同，但不能为空。每行摘要将随相应的会计科目在明细账、日记账中出现。新增分录完成后，按 Enter 键，系统将摘要自动复制到下一分录行。

6) 科目名称

会计科目必须是最末级科目编码，总账科目由系统自动填写。输入会计科目有四种方法：一是直接输入末级科目名称；二是输入科目编码，系统自动将其转换为科目名称；三是输入科目的助记码，系统自动将其转换为科目名称；四是按 F2 键或利用参照功能输入会计科目。

7) 金额

金额栏用于输入某一科目所对应的金额，包括借方金额和贷方金额两栏。金额不能为"0"，红字以负数表示。在金额处按"="键，系统将根据借贷方差额自动计算此笔分录的金额。如果借贷方向不符，可用空格键调整余额方向。

8) 辅助信息

根据科目属性要求输入相应的辅助信息，如部门、个人、项目、客户、供应商、数量、自定义项等。输入的辅助信息显示在凭证下方的备注栏中。

(1) 输入待核银行账凭证。要求输入相应的票据日期、结算方式和票号，这些信息将在银行对账时使用。当选择支票控制，即该结算方式被设为支票管理时，银行账辅助信息不能为空，而且该方式的票号应在支票登记簿中有记录。

(2) 输入有部门核算要求的凭证。要求输入对应的部门代码或名称，这些信息将在部门账管理时使用。

(3) 输入有往来账核算要求的凭证。要求输入对应的单位代码和业务员，这些信息将在往来账管理时使用。

(4) 输入有数量核算要求的凭证。要求输入数量和单价，并且系统会自动按照公式"数量×单价=金额"生成该科目的总金额。

(5) 输入有外币核算要求的凭证。要求输入外币数量和记账汇率，并且系统会自动按照公式"外币×汇率=本位币"生成该科目的外币总金额。

凭证内容全部录入完毕后，单击"保存"按钮或按 F6 键保存凭证。凭证一旦保存，其凭证类别、凭证编号将不能再作修改。

2．常用凭证

为了提高会计业务处理的效率，我们通常将一些经常发生的业务以常用凭证的形式保存起来，以备随时调用。灵活应用常用凭证，会给企业的凭证编制工作带来极大的便利。

1) 定义常用凭证

定义常用凭证时，选择"凭证"｜"常用凭证"命令，先定义常用凭证的主要信息：编码、说明和凭证类别，然后通过单击"详细"按钮可对常用凭证的凭证分录进行具体定义。

2) 调用常用凭证

在编制凭证时，如果遇到与常用凭证所涉及的业务为同一类型时，选择"制单"｜"调用常用凭证"命令，输入常用凭证的编码后，系统即可调出该常用凭证，以提高凭证的录入速度。

(二)审核凭证

审核凭证是指由具有凭证审核权限的操作员按照会计制度规定，对制单人编制的凭证进行合法性检查，其目的是防止错误及舞弊发生。为了确保账簿中每一笔经济业务都是准确和可靠的，制单人编制的所有凭证都必须经过具有审核权限的操作员的审核，方可作为正式凭证进行记账处理。

企业为了加强对资金的管理，凡涉及库存现金、银行存款的收付业务，在凭证中须经出纳人签字方可生效。在系统中，如果在"选项"对话框的"权限"选项卡中选中"出纳凭证必须经由出纳签字"复选框，那么，在审核凭证之前，由出纳对带有库存现金或银行存款科目的凭证进行检查核对，确认正确无误后签字。由于出纳签字和审核凭证的操作方法基本相同，所以，在此只介绍审核凭证的有关内容。

1．审核凭证的方法

在实际工作中，企业通常采用屏幕审核的方法，由凭证审核人直接根据原始凭证，对屏幕上显示的已编制的凭证进行正确性检查。若审核人经过审查确认该凭证正确，就在该凭证上签字，表示审核通过；若经审查认为错误或有异议，审核人应在该凭证上标明，并将错误凭证交给制单人修改后再进行审核。

2．审核凭证的方式

在用友软件中，提供了两种审核凭证的方式。

(1) 单张审核：审核人在"凭证审核"窗口，单击"审核"按钮逐张地进行审核。每审核完一张，系统就会在凭证底部的审核人的位置上加上审核标记，即签上审核人的名字。

(2) 成批审核：审核人在"凭证审核"窗口，对所有的凭证检查完毕后，通过"成批审核"功能将需要审核的凭证一次性地全部审核完成，并将所有查看过的凭证加上审核标记。

3. 审核凭证的操作步骤

1) 审核人登录

根据会计控制的要求，凭证的审核人和制单人不能为同一人，因此，在进行凭证审核时，需要先更换操作员，重新登录总账管理系统，由具有审核凭证权限的操作员进行审核操作。

2) 审核凭证

企业可根据实际情况，选择不同的审核方式对凭证进行审核。若操作员选择"单张审核"方式，则系统会显示"凭证审核"窗口，单击"审核"按钮进行审核；若选择"成批审核"方式，则系统会自动将所选范围内的凭证一次性地全部审核完成，同时显示成批审核报告。

(三)记账

凭证经审核签字后，即可用来登记总账和明细账、日记账、部门账、往来账、项目账以及备查账等。在会计软件中，记账是由有记账权限的操作员发出记账指令，由计算机按照预先设计的记账程序自动进行的。

2. 记账的操作步骤

由具有记账权限的操作员，选择"凭证"|"记账"命令，进入"记账"对话框，单击"记账"按钮，系统自动完成记账过程，并在凭证底部"记账"处自动签上记账人的姓名。

(四)修改与查询凭证

1. 凭证的修改

录入凭证时，尽管系统提供了多种控制错误出现的措施，但出现错误凭证还是在所难免的。为了更正错误，系统提供了修改凭证的功能。总账管理系统对不同情况下出现的错误有不同的修改方法。

1) 未审核凭证的修改

未审核凭证是指凭证编制完成后，还没有经过审核的凭证，即在"审核人"的位置上没有出现审核人员名字的凭证。修改未审核凭证时，可以在"填制凭证"窗口中进行，通过凭证查找和跳转功能找到错误凭证，直接在凭证上修改。

2) 已审核未记账凭证的修改

已审核未记账凭证是指编制完成的凭证已经经过审核人员的审核，但还没有执行记账。即在"填制凭证"窗口中，"审核人"位置上已经有了审核人员的名字，但"记账人"位置上还没有出现记账人员的名字。对该类凭证修改时，需要由审核人员对错误凭证先取消审核，然后按照未审核凭证的修改方法对凭证进行修改。

3) 已记账凭证的修改

已记账凭证是指经过记账操作的凭证。此时，凭证中"记账人"的位置上已有具有记账权限的操作员的名字。按照会计制度中须留下审计线索的要求，对发现有错的已记账凭证，不允许直接修改，而要采用"红字冲销法"进行更正。红字冲销法是指按红字金额做一张凭证予以冲销错误凭证，然后再做一张蓝字凭证进行补充的方法。

在"填制凭证"窗口，选择"制单"|"冲销凭证"命令，打开"冲销凭证"对话框，输入错误凭证的编制月份、凭证类别与凭证号，系统会自动编制一张科目、金额、方向等和错误凭证完全一致、金额为红色的红字冲销凭证，然后再编制一张正确的蓝字凭证，并且对其进行审核和记账。

2. 凭证的查询

凭证查询是指按照给定的条件查找满足条件的凭证，并在屏幕上显示出来，包括对未记账凭证的查询和对已记账凭证的查询。

在总账管理系统中选择"凭证"|"查询凭证"命令，进入"凭证查询"窗口，按指定条件显示凭证内容。如要按科目、摘要、金额等辅助信息进行查询，可单击"辅助条件"按钮输入辅助查询条件；如果当前凭证为外部系统生成的凭证，移动鼠标到记账凭证标题处，单击鼠标左键，可显示当前凭证属于哪个系统及凭证反映的业务类型与业务号。

(五)删除凭证

对于未记账凭证，若想将其从凭证库中彻底删除，需要先进行"作废"操作，然后再进行"整理"。

(六)输出账簿

输出账簿是系统按照各种账簿的格式和要求，对"记账凭证文件"和"科目汇总表文件"中的数据进行检索、排序和汇总等处理，生成企业所需要的各类账表。账簿输出包括查询和打印两种方式。在总账管理系统中，系统通过丰富的查询、打印功能，实现了总账、明细账、凭证的联查功能，满足了企业各方的实际需要。

四、总账管理系统期末处理

总账管理系统的期末处理主要包括银行对账、自动转账和期末结账。

(一)银行对账

银行对账是货币资金管理的主要内容，是各单位出纳员的基本工作之一。为了防止记账发生差错，正确掌握银行存款的实际余额，必须定期将企业银行存款日记账与银行对账单进行核对，并编制银行存款余额调节表。在总账管理系统中，银行对账的科目是在设置会计科目时定义为"银行账"的科目。

1. 初始对账

为了确保银行对账的准确性和连续性，第一次使用银行对账功能之前，系统要求先进行初始对账。也就是在开始对账的月初先将银行存款日记账、银行对账单未达账项录入系统并调整平衡。

需要注意的是，该功能只在常规对账前使用一次，一旦调整后的余额平衡，系统将自动关闭此功能，以保证初始数据的正确性。此后，每月进行的银行对账都称为常规对账。

2. 常规对账

常规对账通常包括以下三个步骤。

1) 录入银行对账单

一般来说，进行银行对账前要先将银行对账单引入系统。引入银行对账单的方式有很多，可以手工输入银行对账单，也可以从装有银行对账单的磁盘中获取，还可以通过网络直接从银行取得对账单。

2) 银行对账

银行对账采用自动对账和手工对账相结合的方式进行。

(1) 自动对账。自动对账是计算机根据对账依据将银行日记账中的未达账项与银行对账单进行自动核对和勾销。而通常自动对账的依据是"结算方式+结算票号+方向+金额"，即只有当单位银行存款日记账中的某一笔业务和银行对账单中的某一笔业务的结算方式、结算票号、方向和金额完全一致时，系统才予以核销。

自动对账时，选择"出纳"|"银行对账"|"银行对账"命令，进入"银行对账"窗口，系统显示企业日记账记录和银行对账单记录，单击"对账"按钮，录入对账条件，由系统自动勾对，在已达账项的"两清"栏打上圆圈标志，同时底色变成黄色。如果想取消某一条自动勾对的记录，只要将光标定位于要取消的记录上，双击即可。完成自动对账后，系统会保留对账结果。

(2) 手工对账。手工对账是对自动对账的补充，对于使用完自动对账功能后不符合自动对账依据而没有勾销的已达账项，由财会人员根据判断在屏幕上进行手工勾销。手工对账的标志是在"两清"栏上打上√标记。

对账结束后，单击"检查"按钮，系统自动显示平衡检查结果。

3) 银行存款余额调节表

银行对账完成后，系统会自动生成银行存款余额调节表。

如果需要查询单位日记账和银行对账单的对账结果，则选择"出纳"|"查询对账勾对情况"命令；若需要核销已达账项，则选择"出纳"|"银行对账"|"核销银行账"命令，选择要核销的账户即可。

(二)自动转账

期末转账业务几乎是所有单位在月底结账之前都要重复进行的固定业务。对于这些业务,有一定的规律可循,即在编制的转账凭证中,凭证的摘要、借方科目、贷方科目、金额的来源或计算方法基本不变,只有金额不等。根据这一特性,可以预先把这种有规律性的会计业务定义好凭证框架,再把各种金额来源的计算公式保存在计算机中,从而形成自动转账凭证。每月只要调用这种自动转账功能,就会产生凭证。这种预先定义分录的结构,再由计算机自动编制凭证的过程称为"自动转账",由此而生成的凭证称为自动转账凭证。自动转账分为自定义转账和生成转账凭证两部分。

1. 自定义转账

转账分为外部转账和内部转账。外部转账是指将其他系统生成的凭证转入总账管理系统中;内部转账是指在总账管理系统中把某个或某几个会计科目中的余额或本期发生额结转到一个或多个会计科目中。自动转账主要包括:自定义转账、对应结转、销售成本结转、售价销售成本结转、汇兑损益结转和期间损益结转。这里主要介绍自定义结转和期间损益结转两种转账方式。

1) 自定义转账设置

在电算化方式下,为了实现各个企业不同时期期末会计业务处理的通用性,用户可以自行定义自动转账凭证,以完成每个会计期末的固定会计业务的自动转账。自定义转账凭证功能可以完成对各种费用的分配、分摊、计提,税金的计算以及辅助核算的结转等。

设置自定义转账时,选择"期末"|"转账定义"|"自定义转账"命令,进入"自定义转账设置"窗口,单击"增加"按钮,可定义一张转账凭证。

自动转账凭证的格式和日常使用的凭证格式类似,都包括摘要、科目、借贷方金额等内容,但自动转账凭证中的金额是由计算机根据事先定义的取数公式自动从相应的账簿中得出的,因此,定义自动转账凭证时,主要工作应是定义金额来源公式。金额公式既可以采用向导输入,也可以直接输入。

例:下面以"每月按应收账款借方余额的3‰计提坏账准备"为例,说明自动转账凭证的定义。手工方式下的分录如下。

借:资产减值损失(6701)
　　贷:坏账准备(1231)

在总账管理系统中设置自定义转账凭证,如表2-1所示。

表2-1 自定义转账凭证设置

摘 要	科 目	方 向	金额公式
计提资产减值损失	6701	借	JG( )
计提坏账准备	1231	贷	QM(1122,月,借)*0.003

表2-1中,QM(1122,月,借)为账务取数公式(又称账务取数函数),表示取应收账款(1122)科目结转月份的期末余额;JG( )表示取坏账准备科目的计算结果。系统中,账务取数公式的基本格式为

函数名(科目编码,会计期间,["方向"],辅助项1,辅助项2)

式中各参数的含义如下。

① 科目编码：也可是科目名称。

② 会计期间：可以采用"年""季""月"等变量作为会计期间的计量单位，也可以是由具体数字表示的年、季和月。

③ 方向：即"借"或"贷"，省略时，系统会自动根据科目的性质进行判断。

④ 辅助项1，辅助项2：是与会计科目的辅助核算有关的编码。若需要提取辅助账的数据，则在这里输入相应辅助项目的编码；若无辅助核算，则可省略。各辅助项必须为末级。由于科目最多只能有两个辅助核算账类，因此，辅助项最多可定义两个。

主要账务取数函数如表2-2所示。

表2-2 主要账务取数函数

函 数 名	金 额 式	数 量 式	外 币 式
期初额函数	QC( )	SQC( )	WQC( )
期末额函数	QM( )	SQM( )	WQM( )
发生额函数	FS( )	SFS( )	WFS( )
累计发生额函数	LFS( )	SLFS( )	WLFS( )
条件发生额函数	TFS( )	STFS( )	WTFS( )
对方科目发生额函数	DFS( )	SDFS( )	WDFS( )
净额函数	JE( )	SJE( )	WJE( )

2) 期间损益结转设置

期末时，应将企业中所有损益类科目的余额转入"本年利润"科目，从而反映企业在一个会计期间内实现的利润或亏损总额。本功能主要是对损益类科目进行结转。通过期间损益结转功能，系统可以实现自动结转，并生成相应的转账凭证。

设置期间损益结转时，选择"期末"|"转账定义"|"期间损益"命令，进入"期间损益结转设置"窗口，选择凭证类别，然后在"本年利润科目"下拉列表框中选取本年利润的入账科目即可。

2. 生成转账凭证

定义完转账凭证后，每月月末只需执行生成转账凭证功能即可快速生成转账凭证，并将此转账凭证自动追加到未记账凭证中。然后，按账务处理程序要求，对该张凭证进行审核和记账。

1) 生成自定义转账凭证

选择"期末"|"转账生成"命令，进入"转账生成"窗口，选择结转月份及选中"自定义转账"单选按钮，在需要结转的转账凭证的"是否结转"栏上双击打上"√"标记，单击"确定"按钮，即可生成所需的转账凭证。

2) 生成期间损益凭证

选择"期末"|"转账生成"命令，进入"转账生成"窗口，选择结转月份及选中"期

间损益结转"单选按钮,单击"全选"按钮,单击"确定"按钮,即可生成所需的转账凭证。

执行以上操作后,单击工具栏中的"首页""上页""下页"和"末页"按钮可翻页查看生成的转账凭证,若凭证类别、制单日期和附单据数与实际情况有出入,可直接在当前凭证上进行修改。确认正确无误后,单击"保存"按钮,系统自动将当前凭证追加到未记账凭证中。

(三)期末结账

本期所有的会计业务全部处理完毕之后,就要进行期末结账处理。结账工作只能由具有结账权限的操作员来进行。也只有将本期的账务全部进行结账处理后,企业才可以对下一会计期间进行数据处理。

在总账管理系统中选择"期末"|"结账"命令,打开"结账"对话框,按照系统提供的期末结账向导完成结账工作。

第三节 报表管理系统的应用

报表管理系统作为会计核算软件的重要组成部分,提供了符合国家统一的会计制度规定的自动编制报表的功能,这样就可以根据用户事先的定义和设置自动生成所需的会计报表,使财会人员从繁重的手工编制报表的劳动中解脱出来,从而大大提高工作效率。

一、报表管理系统概述

(一)报表管理系统的种类

目前,我国绝大多数单位在使用计算机编制会计报表时,通常使用两类表处理软件。

1. 通用会计报表处理系统

通用会计报表系统是会计软件本身配备的表处理系统。它除了提供报表生成功能外,还为用户提供了一套对报表进行维护、加工处理的完整体系,甚至针对不同行业编制了一系列常用的报表,供用户选择使用。这些软件的格式设计和数据处理功能强大、安全性与保密性好、可靠性高,基本能满足企业会计报表数据处理和管理的需要。

2. 专用会计报表处理系统

专用会计报表系统是使用报表系统的行业为特定需要而设计开发的专用表处理系统。这种系统专用性强、运行速度快、使用简便,但只能编制规定的专门报表,通用性较差。

(二)报表管理系统的工作流程

下面就以用友 UFO 报表软件为例,说明报表管理系统的工作流程,如图 2-3 所示。

图 2-3 报表管理系统的工作流程

1. 新建报表

进入报表处理系统后,必须先通过"新建报表"功能来新建一张空白报表,报表名默认为 report1。

2. 自定义报表

1) 报表格式设计

新建报表后,首先应该定义报表数据的载体——报表格式。不同的报表,格式定义的内容也不尽相同,但一般情况下,报表格式定义应该包括设置报表尺寸、组合单元、画表格线、调整行高和列宽、设置字体和颜色、设置显示比例等。

2) 报表公式定义

由于各种报表之间存在着密切的数据间的逻辑关系,所以报表中各种数据的采集、运算的钩稽关系的检测会用到不同的公式,报表公式主要有计算公式、审核公式和舍位平衡公式。可以利用系统提供的"公式向导"功能定义报表取数公式。

3. 利用报表模板

通常为了方便用户,除了可以自定义报表外,软件还提供了利用标准报表模板的操作。即在调用已有报表模板的基础上,根据需要再修改报表格式或报表公式,形成调整后的报表模板。

4. 报表编制

根据报表格式文件中提供的报表的样式和报表的取数公式,通过报表编制功能生成相应的外部报表和内部报表文件,并根据需要进行报表汇总和报表合并。

5. 报表审核

为了保证报表间数据的各项钩稽关系正确,通常用审核关系来验证报表。

6. 报表输出

报表输出是指除了在屏幕上显示编好的报表外,还要打印输出已编好的报表。打印报表时,可以设置打印格式或数据,可以设置表头和表尾,可以在实际大小的 0.3～3 倍之间缩放打印,可以横向或纵向打印等。

(三)基本概念

1. 报表结构

报表结构是指一张报表由哪些要素组成。一张报表通常被划分为四部分,即标题、表头、表体和表尾,如图 2-4 所示。

图 2-4 报表结构

1) 标题

标题用来表示报表的名称。报表的标题可以占一行或多行,有的报表除了正标题外,还有副标题或修饰线等内容。

2) 表头

表头主要用来表示报表的编制单位、日期、计量单位、栏目名称等内容。其中,栏目名称是表头中最重要的内容,它定义了该报表的列。

3) 表体

表体是一张报表的核心,它是报表数据的主要区域,是报表的主体。表体横向分为若干栏目,纵向分为若干列。表体中存在两类单元:一类是固定单元,即其值不会随着时间的推移而变化,这类单元格通常存放报表项目的名称;另一类是变动单元,即其值会随着时间的推移而变化,这类单元格通常存放报表项目的具体数值。

4) 表尾

表尾是指表体以下进行辅助说明的部分以及报表编制人、审核人等内容。

2. 报表状态

在报表管理系统中,通常分为格式设计和数据处理两种状态,可以通过报表工作区左下角的"格式/数据"按钮来转换格式状态与数据状态。

1) 格式状态

在格式状态下只能进行报表格式的设计,如设计表尺寸、行高与列宽、单元属性、单元风格、组合单元、关键字和定义报表的单元公式(计算公式)、审核公式及舍位平衡公式。在格式状态下不能进行报表数据的处理,如数据的录入和计算等操作。

2) 数据状态

在数据状态下只能进行报表数据的处理,如输入数据、增加或删除表页、审核、舍位平衡、制作图形、汇总、合并报表等。在数据状态下不能修改报表的格式。

3. 报表文件

报表文件是用于存放各类报表的文件,其后缀为.rep。在用友软件中,"新建""打开""保存"命令都是针对报表文件进行的操作。一般一个报表文件用于管理一类报表,如利润表.rep、资产负债表.rep 等。

4. 报表表示

在报表管理系统中,对构成报表的要素要具有明确的表示方法。

1) 表页

在用友软件的一个报表文件中,可以将格式相同而数据不同的不同期间、不同单位的报表都以表页的形式加以保存。通常,一个报表文件中可容纳 99 999 张表页。表页的地址通常表示为@<页号>,其中页号为数字,如@2 表示当前表的第 2 页。

2) 单元

单元是行和列交叉组成的最小区域。通常用<列标+行号>表示其地址,其中:行号用数字(1~9 999)表示,列标用字母(A~IU)表示,如 A2 表示第 1 列和第 2 行相交的单元。

在用友软件中,要确定一个单元,除标出其所在的行、列外,还应指出其所属的报表和表页。这样,单元完整的表示方法为:"报表名"→<列标+行号>@<页号>。例如,"利润表"→D10@2,表示利润表文件的第 2 页上第 4 列第 10 行的单元。

单元类型有数值单元、字符单元和表样单元三种,如表 2-3 所示。

表 2-3 单元类型

单元类型	输入内容	输入状态	输入方式
数值单元	数字	数据状态	直接输入 由单元公式运算生成

续表

单元类型	输入内容	输入状态	输入方式
字符单元	汉字、字母、数字及各种符号	数据状态	直接输入 由单元公式运算生成
表样单元	一个没有数据的空表所需的所有文字、符号或数字	格式状态	直接输入

3) 区域

区域是由一张表页上的相邻单元组成的。最大的区域是整个表页，最小的区域是一个单元。区域的地址通常表示为：<该区域内左上角单元:右下角单元>。例如，A3:D5 表示第 3 行到第 5 行且在 A 到 D 列之间的区域。

4) 关键字

关键字是用于定位表页的一个关键标识，它是游离于单元之外的特殊数据单元。通过关键字，可以快速地在大量表页中选择表页。用友软件中提供了六种关键字的定义：单位名称、单位编号、年、季、月、日。关键字的显示位置在格式状态下设置，关键字的值则在数据状态下录入。

二、报表管理系统初始设置

编制报表时，对于内部报表，由于其特殊性，用户无法利用软件提供的模板生成报表，因此需要经过新建报表、报表格式设计和报表公式定义而完成自定义报表；对于外部报表，由于多数会计软件都提供了外部报表(如资产负债表、利润表等)的模板，因此，用户可以在定义编报日期的基础上直接利用报表模板生成相应的报表。

(一)新建报表

进入报表管理系统后，选择"文件"|"新建"命令，将出现一张空白报表，并进入格式设计状态；对一张以前保存过的报表，选择"文件"|"打开"命令，输入报表文件名，将进入格式设计状态，可对报表的格式进行修改。

(二)自定义报表

1. 报表格式设计

格式对整个报表都有效，报表的格式设计是在格式状态下完成的，具体包括以下操作。
1) 设置报表尺寸

设置报表尺寸是指定义报表的大小，即设定报表的行数和列数。设置报表尺寸时，在"自定义报表"窗口中选择"格式"|"表尺寸"命令，输入行数和列数即可。

2) 定义行高和列宽

自定义报表时，报表的行高和列宽是按默认方式显示的，如果报表中某些单元的行或

列有特殊要求,则需要调整该行的行高或该列的列宽。一般选择"格式"|"行高"或"列宽"命令,即可完成相应的调整。

3) 画表格线

报表的尺寸设置完成之后,在数据状态下,该报表是没有任何表格线的,为了满足查询和打印的需要,还需要画表格线。选中需画线的区域,选择"格式"|"区域画线"命令,即可按指定方式画线。

4) 定义组合单元

在自定义报表中,有些内容如标题、编制单位、日期及货币单位等信息可能一个单元容纳不下,为了实现这些内容的输入和显示,需要定义组合单元。操作时,选择需合并的区域,选择"格式"|"组合单元"命令,系统即将所选区域合并为一个单元。

5) 输入表间项目

报表表间项目是指报表的文字内容,主要包括表头内容、表体项目和表尾项目(关键字除外)。

6) 设置单元属性

为了使报表符合阅读习惯,并且美观清晰,需设置单元属性。单元属性包括单元类型(如数值型、字符型、表样型),数字格式(如逗号、百分号、货币符号、小数位数),单元格字体、字型、字号,颜色图案,对齐方式和边框线等。操作时,选中需设置的单元,选择"格式"|"单元属性"命令,即可进行相关设置。

7) 设置关键字

为了便于报表的管理,需确定关键字在表页上的位置,以便在表页之间建立关联或对表页进行查找、排序等操作。关键字主要有六种:单位名称、单位编号、年、季、月、日,另外还可以自定义关键字。用户可以根据自己的需要设置相应的关键字。

关键字应在格式状态下设置,关键字的值则在数据状态下录入。设置关键字时,应先选定某一单元,而后选择"数据"|"关键字"|"设置"命令,进入"设置关键字"对话框进行设置,设置过关键字的单元将以红色显示。

2. 报表公式定义

在报表管理系统中,不同的数据单元、表页以及各种报表之间存在着一定的数据间的逻辑关系,所以报表中各种数据的采集、运算的钩稽关系的检测就会用到不同的公式,主要有计算公式、审核公式和舍位平衡公式。

1) 计算公式

计算公式也称单元公式,是定义报表中数据生成来源的运算公式。定义计算公式的方法有直接输入公式和引导输入公式两种。

直接输入公式就是在报表数值单元中输入"=",然后直接输入计算公式;引导输入公式首先选择要设置公式的单元,然后选择"数据"|"编辑公式"|"单元公式"命令,打开"定义公式"对话框,单击"函数向导"按钮,打开"函数向导"对话框,按照对话框的引导选择合适的参数,直到公式定义完毕,最后单击"确定"按钮即可。

利用计算公式，可以取本表页的数据和其他表页的数据，也可以取其他报表中的数据。

(1) 本表本页取数公式。基本格式如下：

=单元1+单元2+...

对于表内取数公式，除按照上述公式设置外，还可以结合如表2-4所示的函数一起使用。

表2-4 本表表页取数函数

函 数 名	公 式
求和公式	PTOTAL(起始单元:终止单元)
求平均值	PAVG(起始单元:终止单元)
计数公式	COUNT(起始单元:终止单元)
求最大值	PMAX(起始单元:终止单元)
求最小值	PMIN(起始单元:终止单元)

例如：

=C4+C5-C7，表示C4单元数与C5单元数之和减C7单元数。

= PTOTAL(C2:F10)，表示求C2到F10范围内所有单元的总和。

(2) 本表他页取数公式。对于本表其他表页的数据，如上月同期数、本年累计数等，可以直接以页号作为定位依据或者利用某个关键字作为表页定位的依据，指定取某张表页的数据。

① 取确定页号表页的数据。基本格式如下：

=<单元/区域> @<页号>

例如：=D3@2，表示选取第二张表页的D3单元的数据。

② 用SELECT函数从本表他页取数。基本格式如下：

=SELECT(单元/区域,关联条件)

其中，关联条件的表达形式一般为"关键字@=关键字"，若存在多个关联条件时，可通过and连接。

例如：

= SELECT (B2,月@=月+1)，表示从上个月的表页中取出B2单元的数据。

= SELECT (D4,年@=年+1 and 月@=月+1)，表示从上一年、上一月的表页中取出D4单元的数据。

(3) 报表之间取数公式。基本格式如下：

="报表名"→单元 RELATION 关键字 WITH "报表名"→关键字表达式

例如：

="利润表"→C5 RELATION 月 WITH "利润表"→月

表示从当月的利润表文件中取出C5单元的数值。

2) 审核公式

一般的报表中，有关项目之间或同其他报表之间存在一定的钩稽关系，用户可以利用这种关系定义报表的审核公式，以此来检验报表编制的正确性。

审核公式的操作方法为：选择"数据"|"编辑公式"|"审核公式"命令，弹出"审核公式"对话框。在编辑栏中，根据范例为报表定义审核公式即可。

审核公式的格式一般如下：

〈表达式 MESS "提示信息"〉

其中，"提示信息"是当审核关系不满足时，系统显示的内容。例如：

D43=H43 MESS "资产负债表不平衡！"

3) 舍位平衡公式

舍位平衡公式是用来重新调整报表数据最后进位的平衡公式。

如将以"元"为单位的报表数据变成以"万元"为单位的报表数据，且表中的平衡关系仍然成立。

舍位平衡公式的操作方法为：选择"数据"|"编辑公式"|"舍位公式"命令，进入"舍位平衡公式"窗口，输入舍位的表名、舍位范围、舍位位数以及平衡公式即可。

(三)利用报表模板

1. 调用报表模板

用友报表UFO提供了各个行业的各种标准的财务报表，用户可以根据所在行业挑选相应的报表，套用其格式及计算公式。当然用户也可以通过选择"格式"|"自定义模板"命令，将自定义的报表设置成模板，以方便以后多次使用。

在格式状态下，选择"格式"|"报表模板"命令，打开"报表模板"对话框，在"报表模板"对话框中选取行业和财务报表名，确认后，就可以生成一张空的标准财务报表。当前报表套用标准财务报表模板后，原内容将丢失。

2. 调整报表模板

在格式状态下，根据本单位的实际情况，修改报表格式和报表公式，保存调整后的报表模板。

三、报表管理系统日常处理

报表管理系统的日常处理主要包括报表编制、报表审核和舍位操作以及报表输出。

(一)报表编制

按照报表管理系统的操作流程，当报表的格式和公式全部定义完成后，就可以生成报表了。生成报表的过程是在人工控制下由计算机自动完成的。即利用已经设置好的报表结构文件，指定编制报表的日期，根据预先定义的报表取数公式从相应的数据源中采集数据，填入相应的单元中，从而生成相应会计期间的报表。通常，报表编制需经过以下几个步骤。

1. 打开报表

启动 UFO 系统，选择"文件"|"打开"命令，选择已建立的报表文件(.rep)。

2. 增加表页

在用友软件中，报表以表页的方式实现同一格式的多张报表的管理。打开报表后，在数据状态下，系统默认只有一张表页，由于资产负债表和利润表每月都要编制，所以为满足每月编制报表的需要，要增加表页。增加表页可通过"编辑"菜单下的插入表页和追加表页两个命令来完成。

3. 录入关键字

关键字是表页定位的特定标识，在格式状态下设置完成关键字以后，只有在数据状态下对其实际赋值才能真正成为表页的鉴别标志，为表页间、表间的取数提供依据。

在数据状态下，选择"数据"|"关键字"|"录入"命令，打开"录入关键字"对话框，在设置好的关键字中依次录入数值。

4. 整表重算

录入关键字后，系统会自动显示报表数据。若没有自动显示，则可以选择"数据"|"整表重算"或"表页重算"命令，然后确定是否重算，即可完成整表或整页的计算。

5. 保存报表

为了便于将来查询，一般要选择"文件"|"保存"命令，将编制好的报表保存。

(二)报表审核和舍位操作

1. 报表审核

报表审核就是根据事先定义的审核公式，对所生成的报表进行钩稽关系的检查。在数据处理状态下，选择"数据"|"审核"命令，计算机即可自动审核报表。若报表数据不符合钩稽关系，屏幕上会出现用户预先设定的出错提示信息，如"资产负债表不平衡！"，此时需按错误信息修改错误，并重新计算和再次审核，直到无错误提示；若报表数据符合钩稽关系，屏幕上则不会出现提示信息，系统状态栏会提示"审核完全正确！"。

2. 舍位操作

报表的舍位操作并不是必需的，若报表的数据较大或者在汇总报表时，数据位数不统一，才需要进行舍位操作。在数据状态下，选择"数据"|"舍位平衡"命令，系统将自动根据舍位平衡公式对指定的区域进行舍位操作，并将舍位平衡后的数据存入调整后的舍位表。如果舍位公式有误，系统状态栏会提示"无效命令或错误参数！"。

(三)报表输出

1. 报表查询

在报表管理系统中,会计人员通过查询功能可以快速、全面地查阅不同时期、不同类型的系统生成的各种报表。系统会将找到的报表显示到屏幕上,供使用者浏览,从而满足使用者的需求。

2. 网络传送

为了节省报表报送部门的人力、物力、财力,可以通过计算机网络传输各种报表,即将报表生成 html 网页文件,发布在企业内部网或互联网上。这样各个工作站可以方便、快捷地查看所需的相关报表,从而极大地提高会计数据的时效性和准确性。

3. 报表打印

在实际工作中,需要把编制好的报表打印出来作为会计档案加以保管。在报表管理系统中,提供了良好的打印功能,不仅可以打印空白样表、计算公式和审核公式,而且可以打印编制好的报表,从而得到满足用户需求的各种报表。

四、报表管理系统的其他功能

用友 UFO 报表管理系统提供了报表汇总和图表功能。

(一)报表汇总

报表汇总是指结构相同、数据不同的报表经过简单叠加生成一张新表。在实际工作中,报表汇总主要用于同一报表不同时期的汇总以便得到某一期间的汇总数据,或者同一单位不同部门、同一张报表的汇总,以得到整个单位的合计数字。利用报表提供的汇总功能可以快速、简捷地完成报表汇总功能。报表系统提供了表页汇总和可变区汇总两种汇总方式。

1. 表页汇总

表页汇总是把整个报表的数据进行立体方向的叠加,汇总数据可以存放在本报表的最后一张表页上或生成一个新的汇总报表。表页汇总是在数据状态下,通过选择"数据"|"汇总"|"表页"命令完成的。

2. 可变区汇总

可变区汇总是把每张表页可变区的数据进行平面方向的叠加,把汇总数据存放在本页可变区的最后一行或最后一列。可变区汇总是在数据状态下,通过选择"数据"|"汇总"|"可变区"命令完成的。

(二)图表功能

报表数据生成之后,为了对报表数据进行直观的分析和了解,方便对数据的对比、趋势和结构进行分析，可以将报表数据所包含的经济意义用图表的方式直观地反映出来。报表的图表是企业管理、数据分析的重要工具。

1. **图表的相关内容**

(1) 图表的格式。图表可以从平面或立体角度对数据进行反映，有直方图、圆饼图、折线图、面积图四大类共 10 种格式的图表。

(2) 图表与报表的关系。图表是利用报表文件中的数据生成的，图表与报表数据存在着密切的联系，报表数据发生变化时，图表也随之变化。一个报表文件可以生成多个图表，最多可以保留 12 个图表。

(3) 图表的存在方式。图表既可以对象的方式插入报表中达到图文并茂的效果，也可以图表窗口的形式存在。图表并不是独立文件，它的存在依附于源数据所在的报表文件，只有打开报表文件后，才能打开有关的图表。报表文件被删除后，图表也随之消失。

(4) 图表的操作。既可以对图表进行命名，也可以选择图表名打开图表，还可以修改、保存或删除图表。与报表文件一样，图表也可以打印输出。

2. **图表对象的组成**

(1) 标题：简要说明图表反映的内容，也称主标题。主标题最多为 20 个字符或 10 个汉字。

(2) 坐标轴：分为 X 坐标轴和 Y 坐标轴。

(3) X 轴标题和 Y 轴标题：分别为 X 坐标轴和 Y 坐标轴的标题，最多为 20 个字符或 10 个汉字。

(4) 图例：说明不同的颜色或图案代表的意义。

3. **图表的制作**

1) 追加图表显示区域

在管理图表对象时，由于图表对象需要占用一定的报表区域，而系统在设置报表格式时没有为图形预留空间，如果不增加图表显示区域，插入的图形会和报表重叠在一起，影响阅读。因此，一般需要增加若干行或列，作为专门的图表显示区域。操作时，在格式状态下选择"编辑"|"追加"|"行"命令，打开"追加行"对话框，输入追加的行数即可。

2) 插入图表对象

在报表文件的数据状态下可以插入一个图表对象，报表数据和图表同时存在于一个报表文件中，插入的图表对象与创建它的报表数据相链接。当报表数据改变时，图表对象也随之更新。

(1) 在数据状态下，选取报表文件的一个数据区域，区域不能少于 2 行×2 列。系统把区域中的第一行和第一列默认为标注，其余为数据区。

(2) 选择"工具"|"插入图表对象"命令，打开"区域作图"对话框。

(3) "区域作图"对话框提供了图形格式、图表名称、标题等参数，用户根据实际需要设置完成后，即可生成相应的图表。

3) 编辑图表对象

双击插入的图表对象,可以激活"图表对象"窗口,便于对图表对象进行编辑。

(1) 编辑图表主标题:双击图表对象的任意位置,选中图表,选择"编辑"|"主标题"命令,可以输入图表的主标题。同理可以编辑 X 轴标题或 Y 轴标题。

(2) 编辑图表主标题字样:选中主标题,选择"编辑"|"主标题"命令,打开"编辑标题"对话框,选择需要的字体、字型、字号和效果,然后单击"确定"按钮即可。

第四节　薪资管理系统的应用

薪资管理是人力资源管理的重要组成部分。薪资管理系统的主要任务是正确、及时地计算和发放职工工资,反映和监督职工工资的结算情况;按部门和人员类别进行汇总,进行个人所得税计算;提供多种方式的查询,打印工资发放表、各种汇总表及个人工资条;进行工资费用的分配与计提并实现自动转账处理。

一、薪资管理系统概述

(一)薪资管理系统的应用方案

不同企业的管理模式不同,因此薪资管理系统提供了两种不同的核算模式,即单个工资类别核算和多个工资类别核算。

1. 单个工资类别核算

如果核算单位所有职工的工资发放项目相同,工资计算方法也相同,那么可以对全部职工进行统一的工资核算,选择系统提供的单个工资类别核算应用方案。

2. 多个工资类别核算

当核算单位每月多次发放工资,或者职工的工资项目构成不同、工资计算公式不同,又需要统一进行工资核算管理时,则选择系统提供的多个工资类别核算应用方案。

(二)薪资管理系统的工作流程

薪资管理系统的工作流程因单个工资类别和多个工资类别的不同而有所不同,单个工资类别相对简单,所以重点介绍多个工资类别的工作流程。多个工资类别薪资管理系统的工作流程如图 2-5 所示。

1. 初始设置

运用薪资管理系统的单位,第一次启用该系统时,应按图 2-5 所示的步骤进行操作。初始设置具体包括建立工资账套、设置基础信息、建立工资类别、对某工资类别进行初始设置。

图 2-5 多个工资类别薪资管理系统的工作流程

2. 日常处理

日常处理包括对工资变动数据进行调整,由银行代发工资,设置工资分摊类型、分摊工资费用并生成自动转账凭证,输出工资表和工资分析表。

3. 期末处理

每月工资数据处理完毕后,可以进行月末结转和结转上年数据。月末结转只有在会计年度的 1—11 月分别进行。月末结转后,当月数据不允许变动。结转上年数据后,新年度账将自动建立,本年各月数据将不允许变动。

二、薪资管理系统初始设置

薪资管理系统的初始设置包括建立工资账套和设置基础信息两部分。如果系统采用多个工资类别核算应用方案,还需分别对工资类别进行初始设置。

(一)建立工资账套

建立工资账套是整个薪资管理系统正确运行的基础。企业应结合实际情况,建立一个完整的账套。首次启用薪资管理系统时,可以通过系统提供的建账向导,逐步完成整套工资的建立工作。该项工作分为四步,即参数设置、扣税设置、扣零设置和人员编码。

建立工资账套的操作方法为:在企业应用平台中,切换到"业务工作"选项卡,选择"人力资源"|"薪资管理"命令,打开"建立工资套"对话框。

1. 参数设置

设置参数的步骤如下。

(1) 选择本账套处理的工资类别个数,即选择"单个"工资类别或"多个"工资类别。

(2) 选择该套工资的核算币种和选中"是否核算计件工资"复选框。当企业存在计件工资制时,应选中"是否核算计件工资"复选框,否则计件工资的相关内容将无法使用。

2. 扣税设置

扣税设置即选择在工资计算中是否进行扣税处理。如要从工资中代扣个人所得税,则选中"是否从工资中代扣个人所得税"复选框,进行工资核算时系统会根据输入的税率自动计算个人所得税额,并产生"代扣税"工资项目。

3. 扣零设置

扣零设置是指每次发放工资时将零头扣下,累积取整,于下次发放工资时补上。系统有扣零至元、扣零至角、扣零至分三种类型,任选其一。

4. 人员编码

人员编码即单位人员编码长度。以数字作为人员编码。用户根据需要可自由定义人员编码的长度,但总长不能超过10个字符。

(二)设置基础信息

工资账套建立后,为了在日常处理中对工资进行有效管理,需要对整个系统运行所需的一些基础信息进行设置,包括人员附加信息设置、工资项目设置、银行名称设置等。

1. 人员附加信息设置

为了便于对人员进行更加有效的管理,丰富人员档案的内容,可通过"人员附加信息设置"功能自行增加相关辅助信息。如增加设置人员的性别、民族、婚否、学历、技术职称等。设置人员附加信息时,选择"设置"|"人员附加信息设置"命令,打开"人员附加信息设置"对话框,进行相应设置。

2. 工资项目设置

工资项目的设置和建立是薪资管理系统运行的基础，同时也是体现管理者对工资信息需求的主要方式，不同的企业可以根据自身工资核算的特点，灵活地设置工资项目，并进行工资数据的汇总、查询和统计。

3. 银行名称设置

如果企业委托银行代发工资，就需要设置银行名称，包括代发工资的银行名称、账号、是否定长、账号长度等内容。银行名称设置中可设置多个发放工资的银行，以适应不同的需要。在企业应用平台的"基础设置"选项卡中，选择"基础档案"|"收付结算"|"银行档案"命令，即可设置银行名称等有关内容。

(三)建立工资类别

在薪资管理系统中，选择"工资类别"|"新建工资类别"命令，打开"新建工资类别"对话框，先录入第一个工资类别名称，选择该工资类别所属部门，确定工资类别的启用日期；再选择"工资类别"|"关闭工资类别"命令，关闭第一个工资类别。同理，按上述方法建立第二个工资类别。

(四)对工资类别进行初始设置

1. 打开工资类别

在薪资管理系统中，选择"工资类别"|"打开工资类别"命令，打开"打开工资类别"对话框，选中某一个工资类别，打开后对其进行初始设置。

2. 设置人员档案

薪资管理系统各工资类别中的人员档案一定来自在企业应用平台基础档案设置中设置的人员档案。企业应用平台中设置的人员档案是全部职工信息；薪资管理系统中的人员档案是需要进行工资发放和管理的人员，它们之间是包含关系。

设置人员档案时，在薪资管理系统中选择"设置"|"人员档案"命令，进入"人员档案"窗口，单击"批增"按钮，打开"人员批量增加"对话框，修改所选人员类别下的人员档案，补充输入银行账号信息。

3. 选择工资项目

在建立工资类别之前已将所有工资类别的工资项目建立起来，这里应结合各单位不同工资类别所需工资项目，在薪资管理系统中选择"设置"|"工资项目设置"命令，打开"工资项目设置"对话框，从"名称参照"下拉列表框中选择，并且不能修改。若下拉列表框中没有该工资类别所需项目，只能在关闭工资类别的状态下编辑，然后再打开该工资类别，参照选择。

工资项目的排列顺序会影响工资变动表项目的排列顺序，所以在选择完工资项目之后，还应调整其排列顺序，将工资项目移动到合适的位置。

4. 定义计算公式

薪资管理系统提供了十分灵活的公式定义功能,主要有三种方法:①在"应发合计公式定义"文本框中直接输入公式;②根据"公式设置"选项卡中各列表框提供的内容进行设置;③根据"函数公式向导"输入计算公式。用户可以根据对工资计算不同层次的需求方便地使用不同的方法。

例1:

职员类别是销售人员的奖金为500元,其他各类人员的奖金为200元。

奖励工资的公式为

IFF(人员类别="销售人员",500,200)

例2:

部门是人事部的高级经济师或财务部的高级会计师,其住房补贴是300元,其他各类人员的住房补贴为250元。

住房补贴的公式为

IFF(部门="人事部" AND 人员类别="高级经济师" OR 部门="财务部" AND 人员类别="高级会计师",300,250)

5. 修改账套选项

每一个工资类别的参数可能不完全相同,所以在建立工资账套时的参数设置不一定能满足所有的工资类别,这样就有必要在工资类别建好之后,在薪资管理系统中选择"设置"|"选项"命令,分别修改其选项设置。例如,代扣所得税处理通过该命令设置。

三、薪资管理系统日常处理

薪资管理系统的日常处理需按工资类别分别处理,主要包括工资数据录入、银行代发、工资费用分摊、工资账表和凭证查询。

(一)工资数据录入

工资系统数据处理的基础是每个职工的各项基本工资数据。职工工资数据按输入频率,通常可以分为:每月相对固定的部分,如基本工资、职务工资、职称工资和各项固定补贴;每月变动部分,如病事假扣款、水电费、奖金等。这两部分数据在系统输入和处理方式上不完全相同,即每月固定数据在系统使用前一次输入,长期使用,只有在提职、提薪、晋级时才进行修改;而变动数据则需要在每月处理工资数据前录入到系统中。

录入工资数据时,在薪资管理系统中选择"业务处理"|"工资变动"命令,进入"工资变动"窗口,即可对所有人员的工资数据进行录入、修改。

在"工资变动"窗口中显示了所有人员的所有工资项目,可以在此直接录入数据,也可以通过筛选和定位、页编辑、替换、过滤器、计算汇总和排序等方法快速、准确地录入或修改数据。

(二)银行代发

银行代发是指每期工资核算之后，单位应定期将每个职工的工资发放数据按照银行要求的文件格式提交给开户银行，职工凭银行卡去银行取款。

(三)工资费用分摊

工资费用分摊是指对当月发生的工资费用进行工资总额的计算、分配及各种经费的计提，并制作自动转账凭证，传递到总账管理系统供登账处理之用。具体操作步骤如下。

1. 设置工资分摊类型

(1) 选择"业务处理"｜"工资分摊"命令，打开"工资分摊"对话框。

(2) 单击"工资分摊设置"按钮，打开"分摊类型设置"对话框，单击"增加"按钮，打开"分摊计提比例设置"对话框，输入计提类型名称及计提比例。

(3) 单击"下一步"按钮，进入"分摊构成设置"对话框，分别设置部门名称、人员类别、工资项目、借方科目、借方项目大类、借方项目、贷方科目和贷方项目大类，设置完成后单击"完成"按钮保存设置。

2. 分摊工资费用并生成凭证

(1) 在"工资分摊"对话框中分别选择计提费用类型、参与核算的部门和分摊计提的月份等，然后单击"确定"按钮，进行工资费用分摊。

(2) 单击"确定"按钮，进入"应付工资一览表"界面，选中"合并科目相同、辅助项相同的分录"复选框。

(3) 单击"制单"按钮自动生成相关凭证，保存后自动传递到总账管理系统。

(四)工资账表和凭证查询

1. 工资账表

工资业务处理完成后，相关的工资报表数据同时生成。系统提供了多种形式的报表以反映工资核算的结果。报表的格式由系统提供，主要有工资表和工资分析表两种报表类型。如果用户对系统提供的报表不满意，可以通过"修改表"和"新建表"功能自行设计。

2. 凭证查询

在薪资管理系统中生成的记账凭证，经过保存之后即可传递到总账管理系统，一般来说不能修改，只能在薪资管理系统中通过"统计分析"｜"凭证查询"功能来删除或者冲销。

四、薪资管理系统期末处理

(一)月末结转

月末结转是将当月数据经过处理后结转至下月。每月工资数据处理完毕后均需按工资类别分别进行月末结转。由于在工资项目中,有的项目是变动的,即每月的数据均不相同,在处理每月工资时,均需将其数据清零,而后输入当月的数据,此类项目即为清零项目。

进行月末结转只能以账套主管的身份登录系统,选择"业务处理"|"月末处理"命令即可完成数据的结转工作。月末结转只有在会计年度的 1—11 月进行。若本月工资数据未汇总,系统将不允许进行月末结转。进行期末处理后,当月数据将不再允许变动。

在薪资管理系统结账后,如果发现本月工资数据处理有误或还有一些业务及其他事项需要在已结账月进行账务处理,则需要使用"反结账"功能,取消"已结账"标记。以需要反结账处理的下一个月的日期登录薪资管理系统,选择"业务处理"|"反结账"命令,即可进行反结账的处理。

(二)年末结转

年末结转是将工资数据经过处理后结转至下年。新年度账应在进行数据结转前建立,即年末以账套主管的身份登录进入系统管理,选择"年度账"|"建立"命令,完成新年度账的建立。然后选择"年度账"|"结转上年数据"|"薪资管理"命令,选择结转年度,即可完成上年数据的结转。

第五节 固定资产管理系统的应用

固定资产管理系统主要完成企业固定资产日常业务的核算和管理,生成固定资产卡片,按月反映固定资产的增加、减少、原值变化及其他变动,并输出相应的增减变动明细账,按月自动计提折旧,生成折旧分配凭证,同时输出一些同设备管理相关的报表和账簿。

一、固定资产管理系统概述

(一)固定资产管理系统的应用方案

根据企业会计制度的规定,不同性质的企业固定资产的会计处理方法不同,与此相应,固定资产管理系统也提供了两种不同的处理方案。

(1) 企业单位应用方案。
(2) 行政事业单位应用方案。

以上两种方案的区别在于行政事业单位整个账套不计提折旧,从操作流程上看,所有与折旧有关的操作环节在行政事业单位操作流程中均不体现。

(二)固定资产管理系统的工作流程

下面以企业单位的应用方案为例,列出固定资产管理系统的工作流程,如图2-6所示。

1. 初始设置

第一次使用固定资产系统打开账套时,系统将提示进行账套初始化。完成该项工作后,根据企业的具体情况分别定义固定资产类别、固定资产增减方式、固定资产使用状况及部门对应折旧科目。完成基础信息设置后，还应将期初固定资产卡片的数据录入该系统中。

图 2-6　固定资产管理系统的工作流程

2. 日常处理

日常处理主要包括资产增减、资产变动、资产评估和账表查询的日常操作。资产增加需要根据实际业务要求输入一张新的固定资产卡片，资产减少需输入资产减少卡片并说明减少的原因。资产变动和资产评估，需制作相应的资产变动单和资产评估单。系统根据用户以上的日常操作，以账表的形式自动为财务人员和资产管理人员提供资产的统计、汇总和其他各方面的信息。

3. 期末处理

期末处理工作主要包括折旧处理、批量制单、对账、结账等内容。计提折旧功能根据事先的定义，能够自动计提固定资产本期折旧并将折旧分别计入有关费用科目，自动生成计提折旧转账凭证。固定资产系统可以在月末，一次性地将本月发生的与固定资产相关的业务(如资产增加、资产减少、资产变动、资产评估等)编制凭证并向总账管理系统传递有关数据。当固定资产系统完成了全部制单业务，并将所有凭证都审核、记账后，方可进行月末对账、结账。

二、固定资产管理系统初始设置

固定资产管理系统初始设置是根据用户的具体情况,建立一个适合企业的固定资产账套的过程,包括固定资产账套初始化、基础信息设置和原始固定资产卡片录入三个内容。

(一)固定资产账套初始化

在第一次启用固定资产管理系统时,系统会要求用户进行账套初始化设置,主要包括约定及说明、启用月份、折旧信息、编码方式、账务接口和完成六个部分。

(二)基础信息设置

1. 固定资产类别设置

固定资产的种类繁多,规格不一,要强化固定资产管理,及时、准确地做好固定资产核算,必须科学地做好固定资产的分类,为核算和统计管理提供依据。企业可根据自身的特点和管理要求,确定一个较为合理的资产分类方法。

2. 固定资产增减方式设置

固定资产增减方式分为增加方式和减少方式两类。增加的方式主要有直接购入、投资者投入、捐赠、盘盈、在建工程转入、融资租入;减少的方式主要有出售、盘亏、投资转出、捐赠转出、报废、毁损、融资租出等。通常,系统已对常用的增减方式进行了设置,用户在该功能下,主要是确定每种增减方式下对应的入账科目,为以后直接生成转账凭证做好准备。

3. 固定资产使用状况设置

从固定资产核算和管理的角度,需要明确资产的使用状况,一方面可以正确地计算和计提折旧;另一方面便于统计固定资产的使用情况,提高资产的利用效率。主要的使用状况有:在用、季节性停用、经营性出租、大修理停用、不需用、未使用等。系统提供了基本的使用状况,用户也可以在此基础上修改或定义新的使用状况。

4. 部门对应折旧科目设置

计提固定资产折旧后必须把折旧归入成本或费用,根据不同使用者的具体情况按部门或按类别归集。当按部门归集折旧费用时,某一部门所属的固定资产折旧费用将归集到一个比较固定的科目,所以部门折旧科目的设置就是给部门选择一个折旧科目,录入卡片时,该科目自动显示在卡片中,并能自动生成折旧计提凭证。因录入卡片时,只能选择明细级部门,所以设置折旧科目也只有给明细级科目设置。

以上内容,可以在固定资产管理系统中,通过选择"设置"命令进行相关内容的操作。

(三)原始固定资产卡片录入

在使用固定资产管理系统进行核算之前,必须将原始固定资产卡片资料录入系统,即将固定资产管理系统建账日期以前的数据录入系统中。

录入原始固定资产卡片时,选择"卡片"|"录入原始卡片"命令,录入相关信息。

原始卡片不限制必须在第一个期间结账前录入,任何时候都可以录入原始卡片。凡是通过原始卡片录入的固定资产,本期都参与提取折旧。

三、固定资产管理系统日常处理

固定资产的日常处理是固定资产管理中非常重要的内容,主要包括资产增减、资产变动、资产评估和账表查询。

(一)资产增减

资产增加是指通过购建、外单位转入、捐赠、盘盈等其他方式增加的企业资产。资产增加需要根据实际业务要求,输入一张新的固定资产卡片,与固定资产期初输入相对应。资产减少是指资产在使用过程中,由于各种情况,如出售、毁损、盘亏等退出企业,要做资产减少处理。资产减少需输入资产减少卡片并说明减少原因。

系统启用后,新增固定资产需要选择"卡片"|"资产增加"命令,录入相关信息。其录入方法与原始卡片的录入相同。二者的不同之处在于:通过"资产增加"命令录入的是系统启用后新增的固定资产,本期不参与计提折旧;而通过原始卡片录入的是系统启用前的期初数据,本期仍参与计提折旧。

当企业不论何种原因发生资产减少时,都需要选择"卡片"|"资产减少"命令,做相关处理。由于当月减少固定资产当月照提折旧,所以必须在本期做计提折旧处理之后,才能进行资产减少的处理。

(二)资产变动

资产变动主要包括原值变动、部门转移、使用状况变动、使用年限调整、折旧方法调整、净残值(率)调整、工作总量调整、累积折旧调整、资产类别调整、固定资产减值准备期初、计提与转回等。系统对已做出变动的资产,要求输入相应的变动单来记录资产调整的结果。

资产变动时,选择"卡片"|"变动单"命令,根据变动情况录入相关信息。

(三)资产评估

固定资产评估是资产评估中很重要的部分,本系统资产评估主要完成的功能有以下几点。

(1) 将评估机构的评估数据手工录入或定义公式录入到系统。
(2) 根据国家要求手工录入评估结果或根据定义的评估公式生成评估结果。
(3) 对评估单进行管理。

本系统资产评估功能提供的可评估的资产内容包括原值、累计折旧、净值、使用年限、工作总量、净残值率。

进行资产评估时，选择"卡片"|"资产评估"命令，进入"资产评估"窗口，录入评估的项目和资产。

(四)账表查询

固定资产管理系统提供的账表包括五类：分析表、减值准备表、统计表、账簿和折旧表，用户可以通过选择"账表"|"我的账表"命令，进入"固定资产报表"窗口，查询自己所需的账表。

四、固定资产管理系统期末处理

当本期业务完成之后，需要对固定资产管理系统进行期末处理，期末处理包括折旧处理、批量制单、对账与结账。

(一)折旧处理

自动计提折旧是固定资产管理系统的主要功能之一。系统每期计提折旧一次，根据录入系统的资料自动计算每项资产的折旧，并自动生成折旧分配表，然后制作记账凭证，将本期的折旧费用自动登账。

当开始计提折旧时，通过选择"处理"|"计提本月折旧"命令，自动计提所有资产的当期折旧额，并将当期的折旧额自动累加到累计折旧项目中。折旧计提完毕后，系统将自动生成折旧分配表。折旧分配表是制作记账凭证，将折旧费用分配到成本和费用的依据。系统提供了两种类型的折旧分配表：部门折旧分配表和类别折旧分配表，但是制作记账凭证时只能依据一个表。要根据哪一个表制作凭证，就需要在该表的查看状态下单击"凭证"按钮来进行。

进行折旧处理时，需注意以下几点。

(1) 在一个期间内可以多次计提折旧。每次计提折旧后，系统只是将计提的折旧累加到月初的累计折旧，不会重复累计。

(2) 如果上次计提折旧已制单并将数据传递到总账管理系统，则必须删除该凭证才能重新计提折旧。

(3) 若计提折旧后又对账套进行了影响折旧计算或分配的操作，则必须重新计提折旧，否则系统不允许结账。

(4) 如果自定义折旧方法的月折旧率或月折旧额出现负数，系统将自动中止计提。

(二)批量制单

固定资产管理系统通过记账凭证向总账管理系统传递有关数据，如固定资产增加(录入新卡片)、资产减少、卡片修改(涉及原值或累计折旧时)、资产评估(涉及原值或累计折旧变化时)、原值变动、累计折旧调整、折旧分配等记账凭证。在该系统中编制这些相关凭证一般有两种方法：一是业务发生后立即制单，二是在期末批量制单。

批量制单时，选择"处理"|"批量制单"命令，进入"批量制单"窗口，通过"制单

选择"和"制单设置"功能完成有关凭证的生成。

(三)对账与结账

根据制度规定,每月都需要对固定资产进行月末结账。通常,只有当固定资产管理系统传入总账管理系统的所有凭证都审核、记账后,才允许固定资产管理系统进行对账。对账平衡后,方可进行月末结账。

1. 对账

如果在初始设置或选项中选择了"与账务系统对账"选项,则可以选择"处理"|"对账"命令,随时审查两个系统的资产价值是否相等,即保证固定资产管理系统中的固定资产的价值和总账管理系统中固定资产科目的价值相等。对账操作不受时间限制,任何时候均可以进行对账。系统在执行月末结账时自动对账一次,给出对账结果。如果对账不平,需要根据在初始化设置或选项中是否选中"在对账不平情况下允许固定资产月末结账"复选框来判断是否可以进行结账处理。

2. 结账

在固定资产管理系统完成本月全部制单业务后,可以选择"处理"|"月末结账"命令进行月末结账。月末结账每月进行一次,结账后当期的数据不能修改。如果必须修改结账前的数据,只能选择"处理"|"恢复月末结账前状态"命令来完成,该命令是本系统提供的一个纠错功能。

本 章 小 结

本章以用友 ERP-U8 v10.1 会计软件为例,在介绍系统管理和企业应用平台的基础上,对总账管理系统、报表管理系统、薪资管理系统和固定资产管理系统进行了全面、系统的介绍。系统管理和企业应用平台是各个系统正常运行的基础,所以做好该项工作至关重要,用户应结合单位实际情况建立一个新的核算账套,正确设置操作员和权限以及基础档案。总账管理系统是会计核算软件的核心系统,与报表、薪资、固定资产等系统存在着非常密切的数据传递关系:一方面,薪资、固定资产等系统要将其数据处理结果传递给总账管理系统;另一方面,薪资、固定资产、报表等系统共享并读取总账管理系统中的数据。因此,必须保证账务处理数据的正确性。会计报表是会计核算工作的结果,是财会部门报送给信息使用者财务信息资料的重要手段。会计软件提供了自定义报表和利用报表模板生成报表两种方法,需强调的是注意报表格式状态和数据状态的切换,以确保各项内容的顺利操作。薪资核算是财务核算的组成部分,应正确设置工资项目和计算公式,并根据用途将工资费用计提分配,以自动生成转账凭证的方式传递给总账管理系统。固定资产在企业的资产总值中占有相当大的比重,要正确完成企业固定资产日常业务的核算和管理,生成固定资产卡片,按月反映固定资产的增减变化及其变动,按月自动计提折旧,生成折旧分配凭证,并向总账管理系统传递凭证。

第二章　会计核算软件模块的应用

自　测　题

一、单项选择题

1. 首次使用总账管理系统时，正确的系统设置顺序是(　　)。
   A. 建立账套→建立会计科目→输入余额→人员管理
   B. 建立会计科目→输入余额→建立账套→人员管理
   C. 建立账套→操作员权限管理→规定编码方案→选项→建立会计科目
   D. 建立账套→操作员权限管理→建立会计科目→选项

2. 关于凭证录入，下列说法错误的是(　　)。
   A. 凭证输入和凭证审核可以是同一个人
   B. 凭证输入和出纳签字可以是同一个人
   C. 凭证记账和凭证审核可以是同一个人
   D. 凭证输入和凭证查询可以是同一个人

3. 在银行对账过程中，能够自动核销已对账记录的是(　　)。
   A. 对账单文件中的一条记录和银行日记账未达账项文件中的一条记录完全相同
   B. 对账单文件中的一条记录和银行日记账未达账项文件中的多条记录完全相同
   C. 对账单文件中的多条记录和银行日记账未达账项文件中的一条记录完全相同
   D. 对账单文件中的多条记录和银行日记账未达账项文件中的多条记录完全相同

4. 在报表操作中，应该在数据状态下完成的功能是(　　)。
   A. 定义表尺寸　　B. 公式定义　　C. 组合单元　　D. 增加表页

5. 某报表中有一单元公式：qc("1122",月,,,,)，表示(　　)。
   A. 取1122科目的年初数　　　　B. 取1122科目的月初数
   C. 取1122科目的月末数　　　　D. 取1122科目当月的发生额

6. 薪资管理系统生成的记账凭证应在总账管理系统(　　)进行。
   A. 结账中　　B. 结账前　　C. 任意时间　　D. 结账后

7. 下列(　　)不是报表系统中的公式。
   A. 单元公式　　B. 审核公式　　C. 舍位平衡公式　　D. 汇总公式

8. 每月总账管理系统工作的正确顺序为(　　)。
   A. 填制凭证→审核→结账→记账　　B. 填制凭证→结账→审核→记账
   C. 填制凭证→记账→审核→结账　　D. 填制凭证→审核→记账→结账

9. 下列有关汇总工资类别的说法正确的有(　　)。
   A. 汇总工资类别在关闭所有工资类别时才可以使用
   B. 汇总工资类别可以进行月末结转
   C. 第一次进行工资类别汇总不需设置工资项目和计算公式
   D. 汇总工资类别可以进行年末结转

10. 下列有关固定资产计提折旧的叙述正确的有(   )。
   A. 在一个期间内计提折旧的操作只能执行一次
   B. 固定资产折旧分配表需要手工填制
   C. 计提折旧后,又对账套进行了影响折旧计算分配的操作,则不必重新计提折旧
   D. 若上次计提折旧已制单并传递到总账管理系统,则必须删除该凭证才能重新计提折旧

二、多项选择题

1. 在用友软件中,系统管理模块的主要功能是(   )。
   A. 账套管理   B. 用户及权限管理
   C. 数据备份   D. 上机日志管理
2. 在总账管理系统中,月末处理的主要内容包括(   )。
   A. 银行对账   B. 自动转账   C. 对账   D. 结账
3. 报表计算公式中,取数函数包括(   )。
   A. 账务取数函数   B. 本表本页取数函数
   C. 本表其他表页取数函数 D. 其他报表取数函数
4. 薪资管理系统提供的快速操作功能主要有(   )。
   A. 按指定条件快速查找   B. 成批替换某工资项目内容
   C. 职工工资数据的编辑   D. 工资项目过滤
5. 资产变动包括(   )。
   A. 资产增加   B. 折旧方法调整   C. 部门转移   D. 资产减少

三、判断题

1. 账套一旦建立,无论什么情况下都不能修改。   (   )
2. 外部系统传过来的凭证不能在总账管理系统中进行修改,只能在生成凭证的系统中进行修改。   (   )
3. 在用友软件的报表系统中,要生成报表,必须录入关键字。   (   )
4. 应发工资、实发工资等项目的数据类型可以是数字型,也可以是字符型。(   )
5. 固定资产新卡片第一个月不计提折旧,累计折旧为空或零。   (   )

四、简答题

1. 系统管理员与账套主管的权限有何区别?
2. 总账管理系统中,凭证输入后、审核后和记账后凭证的修改方式各是什么?
3. 编制报表的基本处理流程有哪些?
4. 薪资管理系统中,在会计年度2014年1—11月如何进行月末处理?在会计年度的12月如何进行年末结转?
5. 固定资产期末处理主要做哪些工作?这些工作是按照什么顺序进行的?

第三章　供应链管理软件模块的应用

【学习要点及目标】

通过对本章内容的学习，熟悉供应链管理系统各模块之间的业务处理流程；了解供应链管理系统的基础设置；掌握供应链管理系统的期初数据录入以及采购业务、销售业务、库存业务、存货核算业务的日常处理流程。

【本章内容引言】

供应链管理系统是财务管理软件的重要组成部分，它突破了会计核算软件单一财务管理的局限，实现了从财务管理到企业全面管理，不仅能满足各部门独立应用的需要，更能满足企业财务业务一体化全面管理的需要，实现了物流与资金流的统一管理。

第一节　供应链管理系统概述

一、供应链管理系统应用方案

供应链管理系统包括采购管理、销售管理、库存管理和存货核算四个模块。其中，每个模块既可以单独应用，也可与相关子系统联合应用。一般将采购管理系统与应付款管理系统、销售管理系统与应收款管理系统结合起来使用。

二、供应链管理系统业务处理流程

采购管理系统、销售管理系统、库存管理系统和存货核算系统各模块之间的业务处理流程如图 3-1 所示。

1. 采购管理

向库存管理系统传递采购入库单，追踪存货的入库情况，把握存货的畅滞信息，减少盲目采购，避免库存积压；向应付款管理系统传递采购发票，形成企业的应付账款；应付账款系统为采购系统提供采购发票的核销情况。

2. 销售管理

向库存管理系统传递销售出库单，冲减库存管理系统的货物现存量，同时库存管理系统为销售管理系统提供可供销售的存货的现存量；向应收款管理系统传递销售发票，形成企业的应收账款；应收款管理系统为销售管理系统提供销售发票的核销情况。

图 3-1 供应链管理系统业务处理流程

3. 库存管理

接收在采购和销售管理系统中填制的各种出、入库单；向存货核算系统传递经审核后的出、入库单和盘点数据；接收存货核算系统传递过来的出、入库存货的成本。

4. 存货核算

接收采购、销售和库存管理系统传递的已审核过的出入库单，进行记账，并生成记账凭证；向库存管理系统传递出入库的存货成本；向采购管理系统和销售管理系统传递存货信息；接收成本管理系统传递的产成品单位成本，进行产成品成本的分配。

在总账系统中接收应付款管理系统、存货核算系统及应收款管理系统中生成的记账凭证，并审核、记账形成企业的有关总账信息。

第二节 供应链管理系统初始设置

供应链管理系统的初始设置主要包括采购管理、销售管理、库存管理和存货核算的初始设置。做好该项初始化工作，可以在将来的工作中实现供应链的内部管理，并具有选取最优方案，进行财务业务一体化的能力。

一、供应链管理系统初始设置概述

(一)供应链管理系统初始设置的工作流程

供应链管理系统初始设置的工作流程如图 3-2 所示。

图 3-2 供应链管理系统初始设置的工作流程

(二)供应链管理系统初始设置的基本内容

供应链管理系统初始设置的基本内容包括供应链管理系统建账、基础信息设置、业务科目设置和期初数据录入。

1. 供应链管理系统建账

供应链管理系统建账是指供应链管理系统的参数设置,它规定了企业业务处理的规则及范围,主要是设置各个系统公用的和各自特有的基本信息,这些信息的设置将决定用户使用系统的业务流程、核算方式和数据流向。在进行选项设置之前,必须详细了解选项对业务流程的影响,并结合企业的实际业务需要进行设置,还要注意各项参数设置的先后顺序。

2. 基础信息设置

供应链管理系统基础信息的设置主要包括存货分类、计量单位、存货档案、仓库档案、收发类别、采购类型、销售类型、产品结构和费用项目等内容。

3. 业务科目设置

存货核算系统是供应链管理系统与财务系统联系的桥梁，各种存货的购进、销售及其他出入库业务，均在存货核算系统中生成凭证，并传递到总账系统。企业在制单前应事先设置相关科目，以便系统生成凭证时自动带出科目，所以供应链管理系统中的业务科目设置是在存货核算系统中实现的，主要包括存货科目和对方科目。

4. 期初数据录入

在供应链管理系统中，期初数据的录入至关重要，期初数据录入主要包括采购管理期初数据的录入、销售管理期初数据的录入、库存管理期初数据的录入和存货核算期初数据的录入。

二、供应链管理系统建账

供应链管理系统建账就是指设置各个子系统的业务参数，通过各个子系统公用的及各自特有信息的设置，决定用户使用系统的业务流程、业务模式和数据流向。由于有些选项在日常业务开始后不能随意更改，所以企业应结合自己的实际情况认真设置。

(一)采购管理系统业务参数设置

采购管理系统业务参数选项主要有业务及权限控制、公共及参照控制、采购预警和报警。

(二)销售管理系统业务参数设置

销售管理系统业务参数选项主要有业务控制、其他控制、信用控制、可用量控制和价格管理。

(三)库存管理系统业务参数设置

库存管理系统业务参数选项主要有通用设置、专用设置、可用量控制和可用量检查。

(四)存货核算系统业务参数设置

存货核算系统业务参数选项主要有核算方式、控制方式、最高最低控制。

三、基础信息设置

用友 ERP-U8 v10.1 版本的公共信息基本是在企业应用平台中，通过选择"基础设置"|"基础档案"命令完成的，主要包括机构人员、客商信息、存货、财务、收付结算、业务

等内容。其中，机构人员、客商信息、财务、收付结算等内容已在其他系统中介绍。本章主要介绍存货和业务的内容。

(一)存货信息

供应链管理系统的存货信息，主要包括存货分类、计量单位和存货档案。

1. 存货分类

企业可以根据对存货的管理要求对存货进行分类管理，以便于对业务数据进行统计和分析。存货分类用于设置存货分类编码、名称及所属经济分类。工业企业的存货可以分为三类，即材料、产成品、应税劳务等，材料、产成品在此基础上可以继续分类。商业企业的存货一般可以分为两类，即商品、应税劳务，商品在此基础上可以继续分类。

2. 计量单位

企业的存货种类繁多，不同的存货具有不同的计量单位，同一种存货用于不同业务，其计量单位也可能不同。例如，对于某种药品，采购和批发销售可能用"箱"作为计量单位，而库存和零售则可能用"盒"作为计量单位，财务上可能按"板"计价。因此，在基础设置中，必须定义好存货的计量单位。计量单位的设置包括计量单位组和计量单位两项内容，必须先增加计量单位组，然后再在该组下增加具体的计量单位内容。

1) 计量单位组

计量单位组的录入内容包括：计量单位组的编码、名称和计量单位组类别。其中，计量单位组类别包括"无换算""固定换算"和"浮动换算"三个选项。

2) 计量单位

"无换算"计量单位一般是指自然单位、度量衡等；"固定换算"是指各个计量单位之间存在着不变的换算比率，如 1 盒=6 板，1 箱=30 盒；"浮动换算"则指计量单位之间无固定换算率。无论是"固定换算"还是"浮动换算"关系的计量单位之间，都应该设置其中一个单位为主计量单位，其他单位以此为基础，按照一定的换算率进行折算。一般将最小的计量单位设置为主计量单位。如上述例题，可以将"板"作为主计量单位。

若选择"无换算"选项，则该组下的所有计量单位都以单独形式存在，各计量单位之间不需要输入换算率，系统默认为主计量单位；若选择"固定换算"选项，则该组包括多个计量单位，其中一个为主计量单位，其余为辅计量单位；若选择"浮动换算"选项，则该组只能包括两个计量单位，一个为主计量单位，一个为辅计量单位。

3. 存货档案

存货档案主要完成对存货目录的设立和管理，以便于对这些存货进行资料管理、实物管理和业务数据的统计、分析。随同发货单或发票一起开具的应税劳务(如运输费)也应设置在存货档案中。存货档案包括"基本""成本""控制"和"其他"等选项卡。

以上内容，可以在企业应用平台的"基础设置"选项卡中，通过选择"基础档案"|"存货"命令进行操作。

(二)业务信息

供应链管理系统的业务信息主要包括仓库档案、收发类别、采购类型、销售类型、产品结构和费用项目。

以上内容,在企业应用平台的"基础设置"选项卡中,通过选择"基础档案"|"业务"命令进行操作。

四、业务科目设置

在供应链管理系统中,业务科目的设置是在存货核算系统中实现的,主要包括存货科目和对方科目。

(一)存货科目

存货科目是设置生成凭证所需要的各种存货科目和差异科目。存货科目既可以按仓库进行设置,也可以按存货分类进行设置。通常,将采购入库的科目设置为"原材料",将销售出库的科目设置为"库存商品",将委托代销的科目设置为"委托代销商品"。

设置存货科目时,可以在企业应用平台的"业务工作"选项卡中,进入存货核算系统,通过选择"初始设置"|"科目设置"|"存货科目"命令进行设置。

(二)对方科目

对方科目是设置生成凭证所需要的存货对方科目,可以按收发类别设置。通常,将采购入库的对应科目设置为"在途物资",将暂估入库的对应科目设置为"应付账款——暂估应付款",将盘盈入库的对应科目设置为"待处理财产损溢",将销售出库的对应科目设置为"主营业务成本"。

设置对方科目时,在企业应用平台的"业务工作"选项卡中,进入存货核算系统,通过选择"初始设置"|"科目设置"|"对方科目"命令进行设置。

五、供应链管理系统期初数据的录入

当基础信息和业务科目设置完成后,还需要将供应链管理系统启用的期初数据分别录入各子系统,以保证数据的连贯性。

(一)采购管理系统期初数据的录入

采购管理系统期初数据的录入主要包括期初暂估入库、期初在途存货、期初记账三项内容。

1. 期初暂估入库

期初暂估入库是将启用采购管理系统前没有取得供货单位采购发票,不能进行采购结算的入库单先按暂估价输入系统,以便取得发票后再进行采购结算。

在采购管理系统中选择"采购入库"|"入库单"命令,可以进行期初采购入库单的录入。

2．期初在途存货

期初在途存货是将启用采购管理系统前已取得供货单位采购发票,货物没有入库,不能进行采购结算的发票输入系统,以便货物入库填制入库单后再进行采购结算。

在采购管理系统中选择"采购发票"|"专用采购发票"或"普通采购发票"命令,可以进行期初采购专用发票或期初采购普通发票的录入。

3．期初记账

采购期初数据输入完成后,计算机将所有的期初数据进行期初记账。期初记账是将采购期初数据记入有关采购余额一览表。

在采购管理系统中选择"设置"|"采购期初记账"命令,打开"期初记账"对话框,单击"记账"按钮,开始进行期初记账。

(二)销售管理系统期初数据的录入

销售管理系统的期初数据包括期初发货单和期初委托代销发货单。

录入销售期初数据时,在销售管理系统中选择"设置"|"期初录入"|"期初发货单"或"期初委托代销发货单"命令,进入"期初发货单"或"期初委托代销发货单"窗口,单击"增加"按钮,进入编辑状态,待单据输入完成后,单击"保存"和"审核"按钮。

(三)库存管理系统期初数据的录入

库存管理系统期初数据的录入方法有两种:一是在库存管理系统直接录入,二是从存货核算系统取数。

在库存管理系统直接录入期初数据时,选择"初始设置"|"期初结存"命令,进入"库存期初数据录入"窗口,选择仓库,单击"修改"按钮,录入各仓库期初数据并保存,然后分仓库单击"审核"按钮即可。

(四)存货核算系统期初数据的录入

存货核算系统期初数据的录入方法有两种:一是在存货核算系统直接录入,二是从库存管理系统取数。其直接录入方法与库存管理系统类似。

录入存货核算系统期初数据,当从库存管理系统取数时,在存货核算系统中选择"初始设置"|"期初数据"|"期初余额"命令,进入"期初余额"窗口,选择仓库,单击"取数"按钮,系统将自动从库存管理系统取出该仓库的全部存货信息;单击"对账"按钮,系统自动将存货核算系统与库存管理系统的存货数据进行核对。对账成功后,单击"记账"按钮,完成期初记账工作。

第三节 采购管理系统的应用

若采购业务管理不善，会导致生产缺料或物料过剩，从而给企业造成无法弥补的损失。所以，企业应对采购管理进行严格的控制，既要保证生产的顺利进行，又要维持合理的库存量，降低采购成本。

一、采购管理系统概述

(一)采购管理系统的工作流程

采购管理系统的工作流程如图 3-3 所示。

图 3-3　采购管理系统的工作流程

1. 采购业务

采购业务通常包括采购入库业务、采购退货业务和受托代销业务等内容。由于结算方式和采购地点不同，采购入库业务的入库和支付在时间上不一定完全同步，一般又分为单货同到业务、暂估业务和在途业务三种情况。

2. 月末结账

月末结账是将当月的单据数据封存，结账处理后，如果发现已月末结账月份的某单据输入有错误，则可进行取消结账的操作。

3. 采购账表

采购管理的账簿报表主要是对采购业务产生的明细账表进行查询分析和打印输出。采购管理账表的内容有：统计表、采购分析和采购账簿。

(二)采购业务的基本内容

采购业务包括采购请购、采购订货、采购到货、采购入库、采购发票、采购结算、确定采购成本、确认应付账款及付款处理等内容。

1. 采购请购

采购请购是指企业内部各部门向采购部门提出采购申请，或采购部门汇总企业内部采购需求列出采购清单。请购是采购业务的起点，可以根据审核后的采购请购单生成采购订单。在采购业务处理流程中，请购环节可以省略。

2. 采购订货

采购订货是指企业与供应商签订采购合同或采购协议，确认订货需求。供应商根据订单组织货源，企业依据采购订单进行货物验收。在采购业务处理流程中，订货环节可以省略。

3. 采购到货

采购到货是采购订货和采购入库的中间环节，一般由采购业务员根据送货单填写，确认对方所送货物、数量、价格等信息。在采购业务处理流程中，到货环节也可以省略。

4. 采购入库

采购入库是指将供应商提供的物料经检验(也可以免检)确认合格后，放入指定仓库的业务。仓库管理员要根据检验报告填制采购入库单，办理采购入库手续。采购入库单可以直接录入，也可以由采购订单或采购到货单产生。

当采购管理系统与库存管理系统集成应用时，入库业务在库存管理系统进行处理。当采购管理系统不与库存管理系统集成应用时，入库业务在采购管理系统进行处理。

5. 采购发票

采购发票是供应商开出的销售货物的凭证，系统根据采购发票确认采购成本，并据以登记应付账款。采购发票按业务性质分为蓝字发票和红字发票；按发票类型分为增值税专用发票、普通发票和运费发票。

6. 采购结算

采购结算也称采购报账，是指采购核算人员根据采购入库单、采购发票核算采购入库成本。采购结算的结果是生成采购结算单，它是记载采购入库单记录与采购发票记录对应关系的结算对照表。采购结算分为自动结算和手工结算两种方式。

1) 自动结算

自动结算是由系统自动将供货单位相同、存货相同且数量相等的采购入库单记录和采购发票记录进行结算。

2) 手工结算

手工结算是针对不能进行自动结算的存货的一种结算方式，系统提供了三种结算模式：入库单和发票、红蓝入库单、红蓝发票。由用户选择要结算的入库单和发票，可以进行正数入库单与负数入库单结算，正数发票与负数发票结算，正数入库单与正数发票结算，负数入库单与负数发票结算，费用发票单独结算。

7. 确定采购成本

采购结算后，系统自动根据采购入库单和采购发票确定其采购成本。

8. 确认应付账款及付款处理

确认应付账款及付款处理是在应付款管理系统进行的，主要完成经营业务转入的应付款项的形成和付款处理情况。根据结算方式不同可分为赊购业务和现付业务。

二、采购业务

与采购业务相关的模块主要有采购管理、库存管理、存货核算、应付款管理和总账管理等，这些系统若集成使用，可以完整地处理企业的采购业务。采购业务包括采购入库业务、采购退货业务和受托代销业务等。

(一)采购入库业务

按货物和发票到达时间的先后顺序，可将采购入库业务划分为单货同到、暂估入库和在途存货三种业务类型。

1. 单货同到业务

对于单货同到业务，采购业务的处理包括物流和资金流两条线索。单货同到业务的处理流程如图3-4所示。具体操作步骤如下。

(1) 在采购管理系统中，录入请购单并审核。

(2) 在采购管理系统中，右击复制请购单生成采购订单并审核。

(3) 在采购管理系统中，右击复制采购订单生成到货单。

(4) 在库存管理系统中，根据采购订单或到货单生成采购入库单并审核。

(5) 在采购管理系统中，右击复制采购入库单或采购订单生成采购发票并保存。若采用现付业务，还需单击"现付"按钮，打开"采购现付"对话框，录入结算方式及结算金额等信息。

(6) 在采购管理系统中，将采购入库单与采购发票(或现付发票)进行采购结算。

(7) 在存货核算系统中，对采购入库单执行"记账"命令并进行"制单"处理。

(8) 在应付款管理系统中，对已结算发票(或现付发票)执行"审核"命令并进行"制单"处理，向总账系统传递凭证。

图 3-4 单货同到业务的处理流程

2. 暂估入库业务

对于货到、单未到业务,由于本月存货已到但采购发票尚未收到,不能确定存货的入库成本,使入库单和发票无法结算,月底为了正确计算存货的库存成本,需要将这些存货暂估入库，等发票收到后再进行采购结算处理。对于暂估入库，在下月有三种处理方式。

(1) 月初回冲。到下月初，存货核算系统自动生成与上月末暂估入库单完全相同的红字回冲单，冲销存货明细账中上月的暂估入库，对红字回冲单制单，冲回上月末的暂估入库凭证。等收到采购发票后，对采购入库单和采购发票进行采购结算，然后进入存货核算系统执行暂估处理，系统根据发票金额自动生成蓝字回冲单，同时登记存货明细账，对蓝字回冲单制单，生成采购入库凭证。

(2) 单到回冲。下月初不做处理，待采购发票到达后再进行采购结算，在存货核算系统中进行暂估处理，系统自动生成红字回冲单和蓝字回冲单。红字回冲单为上月暂估金额，蓝字回冲单为发票报销金额，系统根据红、蓝回冲单自动登记存货明细账，再分别根据红、蓝回冲单制单，生成凭证，传递到总账。

(3) 单到补差。下月初不做处理，待收到采购发票后，先在采购管理系统中进行采购结算，然后在存货核算系统中进行暂估处理，如果报销金额与暂估金额有差额，则生成一张入库调整单，确认后自动记入存货明细账，再选择调整单制单；如果报销金额与暂估金额无差额，不做处理。

以单到回冲为例，暂估业务的处理流程如图3-5所示。具体操作步骤如下。

(1) 当月未收到发票：在库存管理系统填制并审核采购入库单；在存货核算系统通过选择"业务核算"|"暂估成本录入"命令录入暂估单价，并对暂估入库单记账、制单。

(2) 下月收到发票：在采购管理系统复制采购入库单生成采购发票，修改金额等信息，将采购入库单与采购发票结算；在存货核算系统通过选择"业务核算"|"结算成本处理"命令做暂估处理，分别选择红字回冲单和蓝字回冲单生成凭证；在应付款管理系统中审核采购发票、制单。

3. 在途存货业务

对于单到、货未到业务，可以先进行采购发票处理，形成在途存货，等到货物到达后再进行采购入库处理；如果知道很快到货，也可先压单，等货物到达后再按照单货同到业务处理。

(二) 采购退货业务

由于所购货物的质量、品种规格等方面与合同不符或其他问题会造成采购退货。其业务的处理流程如图3-6所示。

(三) 受托代销业务

受托代销业务是一种先销售后结算的采购模式，商业企业根据购销协议接受其他企业的委托，为其代销商品，代销商品的所有权仍归委托方；代销商品售出后，本企业与委托方进行结算，开具正式的销售发票，商品的所有权转移。

本系统中，只有在建账时选择企业类型为"商业"，才能处理受托代销业务。对于受托代销商品，必须在存货档案中选中"是否受托代销"复选框，并且把存货属性设置为"外购""销售"。

图 3-5 暂估业务的处理流程

图 3-6 采购退货业务的处理流程

三、月末结账

月末结账是将当月的单据数据封存，结账后不允许再对该会计期的采购单据进行增加、修改、删除处理。该月未输入的单据只能视为下个月单据处理。

(一)结账处理

在采购管理系统中选择"月末结账"命令，进入"月末结账"窗口，选择结账的月份，单击"结账"按钮，计算机自动进行月末结账。

(二)取消结账

月末结账后，如果发现已月末结账月份的某单据输入有错误，需要取消结账进行修改，那么可以选中月份，单击"取消结账"按钮，取消月末结账。

四、采购账表

采购管理系统的账簿报表主要是对采购业务产生的账表、数据进行查询、统计和分析。

通过对明细表、统计表、余额表以及采购分析表等的对比分析，可实现对采购业务管理的事中控制和事后分析。综合利用采购管理系统提供的各种账表及查询功能，可以全面提升企业的采购管理水平。

第四节　销售管理系统的应用

销售部门在企业供应链中处于市场与企业接口的位置，其主要职能是为客户提供产品及服务，从而实现企业的资金周转并获取利润，为企业提供生存与发展的动力。因此，销售核算和管理是企业会计工作的重要内容，应对企业销售数据进行科学的分析，为企业经营管理者提供可靠、合理的决策依据。

一、销售管理系统概述

(一)销售管理系统的工作流程

销售管理系统的工作流程如图 3-7 所示。

图 3-7　销售管理系统的工作流程

1. 销售业务

销售业务通常包括普通销售业务、销售退货业务、委托代销业务等内容。由于结算方式和销售方式的不同，销售业务的出库和收款在时间上不一定完全同步，一般又分为先发货后开票和开票直接发货两种情况。

2. 月末结账

月末结账是将当月的单据数据封存。结账只能每月进行一次，一般在当前的会计期间结束时进行。结账后本月不能再进行发货、开票、代垫费用等业务的增、删、改等处理。如果用户觉得某月的月末结账有错误，可以取消月末结账。

3. 销售账表

销售管理的账表主要是对销售业务产生的明细账表进行查询分析和打印输出。销售管理账表的内容有：统计表、明细表和销售分析。

(二)销售业务的基本内容

普通销售业务的基本内容包括销售报价、销售订货、销售发货、销售出库、销售开票、确认应收账款及收款处理、结转销售成本等内容。普通销售业务支持两种业务模式，先发货后开票业务模式和开票直接发货业务模式。

1. 销售报价

销售报价是指企业向客户提供货品、规格、价格、结算方式等信息，双方达成协议后，销售报价单可以转为有效的销售合同或销售订单。在销售业务处理流程中，销售报价环节可省略。

2. 销售订货

销售订货是指企业与客户签订销售合同，在系统中体现为销售订单。用户根据销售订单组织货源，对订单执行管理、控制和追踪。如果前面已有对客户的报价，也可以参照报价单生成销售订单。已审核未关闭的销售订单可以参照生成发货单或销售发票。在销售业务处理流程中，销售订货环节可省略。

3. 销售发货

销售发货是指企业执行与客户签订的销售合同或销售订单，将货物发往客户的行为，是销售业务的执行阶段。在销售业务处理流程中，销售发货是必需的。

销售发货有先发货后开票和开票直接发货两种业务模式。在先发货后开票业务模式下，发货单可以根据销售订单开具；在开票直接发货业务模式下，销售发票可以根据销售订单开具。

4. 销售出库

销售出库单是销售出库业务的主要凭证，在库存管理系统用于存货出库数量核算，在存货核算系统用于存货出库成本核算。

根据参数设置的不同，销售出库单可以在销售管理系统生成，也可以在库存管理系统生成。如果由销售管理系统生成出库单，只能一次销售全部出库；而由库存管理系统生成销售出库单，可实现一次销售、分次出库。

5. 销售开票

销售开票是指在销售过程中企业给客户开具销售发票及其所附清单的过程，它是销售收入确认、销售成本计算、应交销售税金确认和应收账款确认的依据，是销售业务的必要环节。销售发票从发票类型上可分为专用销售发票和普通发票两种。

销售发票可以直接填制，也可以参照销售订单或销售发货单生成。参照发货单开票时，多张发货单可以汇总开票，一张发货单也可以拆单生成多张销售发票。

6. 确认应收账款及收款处理

确认应收账款及收款处理是在应收款管理系统进行的，主要完成经营业务转入的应收款项的确认和收款核销。根据结算方式不同可分为赊销业务和现收业务。

7. 结转销售成本

销售出库(开票)之后，要结转销售成本。对于采用先进先出、移动平均、个别计价方式的存货，在存货核算系统单据记账时进行出库成本核算；而采用全月平均计价的存货，在期末处理时进行出库成本的核算。

二、销售业务

与销售业务相关的模块主要有销售管理、库存管理、存货核算、应收款管理和总账管理等，这些系统若集成使用，可以完整地处理企业的销售业务。销售业务包括普通销售业务、销售退货业务和委托代销业务等。

(一)普通销售业务

普通销售业务的处理方式有两种：先发货后开票或开票直接发货。

1. 先发货后开票

对于先发货后开票的业务，首先根据销售订单填制销售发货单并审核，然后填制销售发票并进行审核。如果是现款结算即可办理收款事项，否则，形成应收账款。财务部门可以根据相关单据进行账务处理。

对于先发货后开票的业务，销售业务的处理也包括物流和资金流两条线索。先发货后开票业务的处理流程如图 3-8 所示。

具体操作步骤如下。

(1) 在销售管理系统中，填制报价单并审核。

(2) 在销售管理系统中，填制或生成销售订单并审核。

(3) 在销售管理系统中，根据销售订单生成发货单并审核。

(4) 在库存管理系统中，审核销售出库单。

(5) 在销售管理系统中，参照发货单生成销售发票并复核。若采用现收业务，还需单击"现结"按钮，打开"现结"对话框，录入结算方式及结算金额等信息。

(6) 在应收款管理系统中，对应收单(或现结发票)执行审核并进行制单处理，向总账系统传递凭证。

(7) 在存货核算系统中，对销售出库单执行记账并进行制单处理，向总账系统传递凭证。

图 3-8　先发货后开票业务的处理流程

2. 开票直接发货

对于开票直接发货的业务，首先根据销售订单填制销售发票并审核，同时生成相应的销售发货单，作为存货出库的依据。如果是现款结算即可办理收款事项，否则，形成应收账款。财务部门可以根据相关单据进行账务处理。

对于开票直接发货的业务,销售业务的处理也包括物流和资金流两条线索。开票直接发货业务的处理流程如图 3-9 所示。

图 3-9 开票直接发货业务的处理流程

具体操作步骤如下。

(1) 在销售管理系统中,填制报价单并审核。
(2) 在销售管理系统中,填制或生成销售订单并审核。
(3) 在销售管理系统中,根据销售订单填制销售发票并复核。
(4) 在库存管理系统中,审核销售出库单。
(5) 在应收款管理系统中,对销售发票执行审核并进行制单处理,向总账系统传递凭证。
(6) 在存货核算系统中,对销售出库单执行记账并进行制单处理,向总账系统传递凭证。

(二)销售退货业务

销售退货是指客户因质量、品种规格、数量不符合规定要求等而将已购货物退回。销售退货业务的处理方式有两种：先发货后开票和开票直接发货。

1. 先发货后开票

对于先发货后开票业务的销售退货，应根据审核的退货单生成红字出库单，并生成红字销售发票，财务部门可以根据相关单据进行红字冲销的账务处理。发货后开票销售退货业务的处理流程如图 3-10 所示。

图 3-10 发货后开票销售退货业务的处理流程

具体操作步骤如下。

(1) 在销售管理系统中，填制并审核退货单。

(2) 在库存管理系统中，审核红字销售出库单。

(3) 在销售管理系统中，填制并复核红字销售发票。

(4) 在应收款管理系统中，对红字销售发票执行审核并进行制单处理，向总账系统传递凭证。

(5) 在存货核算系统中，对红字销售出库单执行记账并进行制单处理，向总账系统传递凭证。

2. 开票直接发货

对于开票直接发货业务的销售退货，应填制并审核红字销售发票，同时生成相应的退货单、红字出库单，财务部门可以根据相关单据进行红字冲销的账务处理。开票直接发货销售退货业务的处理流程如图 3-11 所示。

图 3-11 开票直接发货销售退货业务的处理流程

具体操作步骤如下。

(1) 在销售管理系统中，填制并复核红字销售发票。

(2) 在库存管理系统中，审核红字销售出库单。

(3) 在应收款管理系统中，对红字销售发票执行审核并进行制单处理，向总账系统传递凭证。

(4) 在存货核算系统中，对红字销售出库单执行记账并进行制单处理，向总账系统传递凭证。

(三)委托代销业务

委托代销业务是根据购销协议委托他人销售商品的一种销售方式。发生委托代销业务时，应在存货核算系统中设置委托代销成本核算方式"按发出商品核算"和在销售管理系统中设置销售选项"有委托代销业务"做两项初始设置调整，设置完成后，填制并审核委托代销发货单，根据审核的销售出库单办理出库，填制并审核销售发票进行相应的款项结算。财务部门可以根据相关单据进行账务处理。委托代销业务的处理流程如图 3-12 所示。

图 3-12 委托代销业务的处理流程

具体操作步骤如下。

(1) 在销售管理系统中,填制并审核委托代销发货单。

(2) 在库存管理系统中,审核销售出库单。

(3) 在存货核算系统中,对委托代销发货单记账并生成出库凭证。

(4) 在销售管理系统中,根据委托代销发货单生成并审核委托代销结算单。

(5) 在销售管理系统中,复核根据委托代销结算单自动生成的销售发票。

(6) 在应收款管理系统中,对销售发票执行审核并进行制单处理。

(7) 在存货核算系统中,对委托代销专用发票执行记账并进行制单处理,向总账系统传递结转成本凭证。

三、月末结账

(一)结账处理

在销售管理系统中,选择"月末结账"命令,进入"月末结账"窗口,其中蓝条位置是当前会计月,单击"月末结账"按钮,系统开始结账。

(二)取消结账

月末结账后,如果发现已月末结账月份的某单据输入有错误,需要取消结账进行修改,那么可以选中该月份,单击"取消结账"按钮,取消月末结账。

四、销售账表

销售账表是对销售业务中形成的账表、数据进行多角度、多方位的账表查询、统计和分析。综合利用销售管理系统提供的各种账表及查询功能,可以全面提升企业的销售管理水平。

第五节　库存管理系统的应用

库存管理主要是对企业的实物进行管理,每项存货的收发都必须经过库存保管方的监督、管理和确认。库存管理能够提供仓库货位管理、批次管理、保质期管理、出库跟踪入库管理、可用量管理等方面的业务应用。

一、库存管理系统概述

(一)库存管理系统的工作流程

库存管理系统的工作流程如图 3-13 所示。

1. 库存业务

库存业务主要包括采购入库、产成品入库、销售出库、材料出库、库存调拨、库存盘点等业务。采购入库对于工业企业,一般指采购原材料验收入库;对于商业企业,一般指商品进货入库。对于工业企业,产成品入库一般指产成品验收入库。

2. 月末处理

月末处理主要包括对账和月末结账,即将库存与存货对账、库存账与货位账对账等。

3. 库存账表

库存账表主要是对存货库存明细进行查询和管理。库存管理账表的内容有:库存账、货位账、统计表、储备分析。

图3-13 库存管理系统的工作流程

(二)库存业务的主要内容

库存管理的主要内容一般包括存货的出入库管理，即存货增加、存货减少、存货调拨、存货盘点等。

存货增加包括外购存货入库、外购存货退回、其他存货入库等内容。

存货减少包括销售存货发出、销售存货退回、生产领用存货、生产退回存货、其他存货发出等内容。

存货调拨用于处理存货在不同仓库之间的调拨事项。

存货盘点包括盘盈存货入库和盘亏存货出库。

存货增加业务一般形成存货入库单，存货减少业务一般形成存货出库单，存货调拨业务形成存货调拨单，存货盘点业务形成存货盘点单。

二、库存业务

库存管理系统主要是对采购管理系统、销售管理系统及库存管理系统填制的各种出入库单据进行审核，并对存货的出入库数量进行管理。库存业务包括入库业务、出库业务和其他业务。

(一)入库业务

库存管理系统的入库业务主要包括采购入库业务和产成品入库业务。

1. 采购入库

采购入库业务主要是指采购业务员将采购回来的存货交到仓库时，仓库保管员对存货进行验收确认及登记相应账簿。采购入库业务形成采购入库单。

需要注意的是：如果库存管理系统和采购管理系统集成使用，采购入库单就需由库管员在库存系统中录入，可以参照采购订单、采购到货单生成，也可以直接填制。如果库存管理系统没有和采购管理系统集成使用，采购入库单是采购人员在采购系统录入的，则库管员只需在库存管理系统中对采购入库单进行审核即可，不需再录入采购入库单。

2. 产成品入库

对于工业企业，产成品是广义的概念，是指企业自制的产成品、半成品。产成品入库单一般指产成品验收入库时所填制的入库单据。产成品入库单是工业企业入库单据的主要部分。只有工业企业核算类型才有产成品入库单，商业企业核算类型没有此单据。另外，产成品一般在入库时无法确定产品的总成本和单位成本，所以在填制产成品入库单时，一般只有数量，没有单价和金额。

(二)出库业务

库存管理系统的出库业务主要包括销售出库业务和材料出库业务。

1. 销售出库

销售出库单反映存货销售的出库情况，在库存管理系统中主要是管理存货的出货数量，在存货核算系统中核算存货的出库成本。

对于工业企业核算类型，销售出库单一般指产成品销售出库时所填制的出库单据。但是如果企业发生其他存货(如半成品、原材料)的销售业务，也应填制销售出库单。

对于商业企业核算类型，销售出库单一般指商品销售出库时所填制的出库单。

如果库存管理系统和销售系统集成使用，根据参数设置，销售出库单可以在库存管理系统生成，也可以在销售管理系统根据销售发货单(包括委托代销发货单)或发票生成后传递到库存管理系统，库存管理系统再进行审核。如果库存管理系统没有和销售系统集成使用，销售出库单就需由库管员在此录入。

2. 材料出库

材料出库业务是工业企业特有的业务。材料出库单是在库房领用原材料时所填制的出库单据。

(三)其他业务

库存管理系统的其他业务是指除了出、入库业务之外的业务，主要包括库存调拨业务和盘点业务。

1. 库存调拨

调拨单用于仓库之间存货的转库业务或部门之间的存货调拨业务。同一张调拨单上，如果转出部门和转入部门不同,就表示是部门之间的调拨业务;如果转出部门和转入部门相同,但转出仓库和转入仓库不同,则表示是仓库之间的转库业务。

2. 盘点业务

为了保证企业库存资产的安全和完整,做到账实相符,企业必须对存货进行定期或不定期的清查,查明存货盘盈、盘亏、损毁的数量以及造成的原因,并据此编制存货盘点报告表。报告表经有关部门批准后,应进行相应的账务处理,调整存货账的实存数,使存货的账面记录与库存实物核对相符。

三、月末处理

当本期业务全部结束后,就可以进行库存管理系统的月末处理了。月末处理主要包括对账与月末结账。

(一)对账

1. 库存与存货对账

在库存管理系统中选择"对账"|"库存与存货对账"命令,进入"库存与存货对账"窗口,选择对账月份,显示对账报告,可以查看对账结果。

2. 库存账与货位账对账

在库存管理系统中选择"对账"|"库存账与货位账对账"命令,系统提示"本次对账结果完全正确",单击"确定"按钮。

(二)月末结账

在库存管理系统中选择"月末结账"命令,进入"结账处理"窗口,单击"结账"按钮,在"已经结账"栏显示"是"字样。

四、库存账表

库存账表是对各种出入库业务中形成的账表、数据进行查询、汇总和分析的账表。综合利用库存管理系统提供的各种账表及查询功能,可以全面提升企业的库存管理水平。

第六节 存货核算系统的应用

存货是指企业在生产经营过程中为了销售或耗用而储备的各种有形资产,包括各种原材料、燃料、包装物、低值易耗品、委托加工材料、在产品、产成品、商品等。存货范围的确认,应以企业对存货是否具有法定所有权为依据,凡在盘存日期、法定所有权属于企业存货范畴的一切物品,不论其存放在何处或处于何种状态,都应作为企业的存货。

一、存货核算系统概述

(一)存货核算系统的工作流程

存货核算系统的工作流程如图 3-14 所示。

图 3-14 存货核算系统的工作流程

1. 业务处理

存货核算业务主要包括对正常业务(如入库业务、出库业务、盘点业务)单据记账、对特殊业务(如调拨业务)单据记账、对发出商品(如委托代销商品)记账、出入库调整业务、暂估入库业务成本处理和制单处理等内容。

2. 月末处理

月末处理主要包括期末处理、月末结账和与总账系统对账，即在存货核算系统日常业务全部完成后，进行期末处理和月末结账，并将存货核算系统与总账系统对账。

3. 核算账表

存货核算的账簿报表主要是对存货明细账表进行查询和打印。存货核算账表的内容有账簿和汇总表。

(二)存货核算系统的应用模式

存货核算系统既可以和采购管理系统、销售管理系统、库存管理系统集成使用，也可以只与库存管理系统联合使用，还可以单独使用。

1. 集成应用模式

当存货核算系统与采购管理系统、销售管理系统、库存管理系统集成使用时，在库存管理系统中录入采购入库单，在销售管理系统中录入发货单，审核后自动生成销售出库单传递到库存管理系统和存货核算系统，在库存管理系统中只录入除采购入库单和销售出库单之外的其他单据，并完成对各种出入库单据的审核。在存货核算系统中，对各种出入库单据进行记账，并生成出入库凭证。

2. 与库存管理系统联合使用

当存货核算系统与库存管理系统联合使用时，在库存管理系统中录入各种出入库单据，并进行审核，在存货核算系统中对各种出入库单据记账，生成凭证。

3. 独立应用模式

如果存货核算系统单独使用，那么所有的出入库单据均在存货核算系统中填制。

二、业务处理

存货核算系统的业务处理主要包括单据记账、调整业务、暂估处理和制单处理。

(一)单据记账

单据记账是指系统将已录入的单据根据其业务类型登记到相关的账簿报表中的过程。用友软件的单据记账包括正常单据记账、特殊单据记账和发出商品记账三种。

单据记账时需注意以下两点。

(1) 无单价的入库单据不能记账，因此记账前应对暂估入库的成本、产成品入库单的成本进行确认和修改。

(2) 已记账单据不能修改和删除。如果发现已记账单据有错误，在本月未结账状态下可取消记账；如果已生成凭证，就不能取消记账，除非先删除相关凭证。

(二)调整业务

出入库单据记账后，若发现单据金额错误，如果是录入错误，通常采用修改方式进行调整。但有时遇到由于暂估入库后发生零出库业务等所造成的出库成本不准确或库存数量为零而仍有库存金额的情况时，只能使用入库调整单或出库调整单进行调整。

调整单记账时，在明细账中记录一笔只有金额没有数量的记录。存货采用计划价或售价核算时，调整金额记入差异账或差价账中，形成一笔差异调整；实际价核算时，调整金额记入存货明细账中，形成一笔存货调整。

1. 入库调整

入库调整单是对存货的入库成本进行调整的单据，它只调整存货的金额，不调整存货的数量；它用来调整当月的入库金额，并相应调整存货的结存金额；可针对单据进行调整，也可针对存货进行调整。

2. 出库调整

出库调整单是对存货的出库成本进行调整的单据，它只调整存货的金额，不调整存货的数量；它用来调整当月的出库金额，并相应调整存货的结存金额；只能针对存货进行调整，不能针对单据进行调整。

(三) 暂估处理

暂估处理包括暂估成本录入和暂估成本处理两部分内容。

1. 暂估成本录入

对于没有成本的采购入库单，可以采用入库单成批录入功能录入暂估成本。

2. 暂估成本处理

暂估成本是指采购管理系统所购存货已入库，但发票未到或未报销时入库单上的估算成本；当报销后，需进行成本处理。

暂估入库成本处理分为月初回冲、单到回冲、单到补差三种情况。无论采用哪种方式，都要遵循以下步骤：待采购发票到达后，在采购管理系统填制发票并进行采购结算，然后在存货核算系统中完成暂估入库业务成本处理。

(四) 制单处理

制单处理是指根据已记账单据生成记账凭证，并可对已生成的所有凭证进行查询显示。所生成的凭证可在总账系统中显示及生成科目总账。

三、月末处理

存货核算系统的月末处理主要有期末处理和月末结账。

(一) 期末处理

当存货核算系统日常业务全部完成后需要进行期末处理。系统自动计算全月平均单价及本月出库成本，并对已完成日常业务的仓库或部门做处理标志。

如果使用采购和销售管理系统，应在采购和销售管理系统做结账处理后才能进行期末处理。系统提供了恢复期末处理功能，但是在总账结账后将不可恢复。

期末处理时需注意以下几点。

(1) 如果存货成本按全月平均法核算，当月业务全部完成后，用户要进行期末处理。

(2) 存货核算期末处理需要在采购管理、销售管理、库存管理系统结账后进行。

(3) 期末处理之前应检查需要记账的单据是否已全部记账。

(二)月末结账

本功能用来进行月末结账工作，对本月账簿做结账标志。如果与采购管理系统集成使用，并且暂估处理方式选择"月初回冲"时，同时生成下月红字回冲单等，月末结账后将不能再进行当前会计月份的工作，只能做下个会计月份的日常工作。

月末结账时需注意以下几点。

(1) 月末结账之前用户一定要进行数据备份，否则数据一旦发生错误，将造成无法挽回的后果。月末结账后将不能再做当前月的业务，只能做下个月的日常业务。

(2) 如果是集成应用模式，必须在采购管理系统、销售管理系统、库存管理系统全部结账后，存货核算系统才能结账。

(三)对账

为保证业务与财务数据的一致性，需要将存货核算系统与总账系统对账，即存货核算系统记录的存货明细账数据与总账系统存货科目的结存金额和数量进行核对。

四、核算账表

核算账表是对各种出入库业务中形成的账表、数据进行查询、分摊和汇总的账表。综合利用核算账表系统提供的各种账表及查询功能，可以加强企业对存货的核算。

本 章 小 结

供应链管理系统是会计信息系统的重要组成部分，主要包括采购管理、销售管理、库存管理和存货核算四个模块，其中每个模块既可以单独应用，也可以与其他模块集成使用，如将采购管理与应付款管理系统、销售管理与应收款管理系统集成使用，并且以凭证为接口，和总账系统相连，与会计核算系统存在着密切的关系。因此在使用之前，企业要根据自己的业务特点对供应链管理系统进行基础设置，按照各模块之间的业务处理流程正确处理好各系统的日常业务。

自 测 题

一、单项选择题

1. 供应链管理系统应用方案中，一般将采购管理系统与(　　)结合起来使用。

　　A. 应收款管理系统　　　　　　　　B. 应付款管理系统

第三章 供应链管理软件模块的应用

  C. 库存管理系统   D. 存货核算系统

2. 采购入库单可以参照(　　)生成。
  A. 采购合同   B. 采购订单   C. 采购付款单   D. 采购退货单

3. 销售发票可以直接填制，也可以参照(　　)生成。
  A. 发货单   B. 销售合同   C. 销售报价单   D. 销售出库单

4. 不必对其他出入库单据进行制单处理的业务是(　　)。
  A. 采购入库业务   B. 产成品入库业务
  C. 调拨业务   D. 盘点业务

5. 在不同的应用模式下，出库单据在不同的系统中录入。但无论是哪一种应用模式，都可以在(　　)系统中修改出库单上的单价或金额。
  A. 采购管理   B. 销售管理   C. 存货核算   D. 库存管理

6. 在销售退货业务中，退货单中的"数量"一栏应为(　　)。
  A. 红字   B. 蓝字   C. 负数   D. 正数

7. 在存货核算系统中对委托代销销售专用发票记账，选择的菜单命令是(　　)。
  A. "正常单据记账"   B. "特殊单据记账"
  C. "直运销售记账"   D. "发出商品记账"

8. 出库调整单是对存货的(　　)进行调整的单据。
  A. 入库成本   B. 出库成本   C. 采购成本   D. 销售成本

9. 采购结算后采购入库单和采购发票显示"已结算"字样，取消采购结算在(　　)完成。
  A. "采购入库单"窗口   B. "采购发票"窗口
  C. "采购结算列表"窗口   D. "采购结算"窗口

10. 在开票直接发货业务模式中，发货单由(　　)自动生成。
  A. 销售发票   B. 销售合同   C. 销售报价单   D. 销售出库单

二、多项选择题

1. 根据参数设置的不同，销售出库单可在(　　)系统生成。
  A. 采购管理   B. 销售管理   C. 库存管理   D. 存货核算

2. 系统提供的只有工业企业才使用的单据有(　　)。
  A. 其他入库单   B. 产成品入库单   C. 销售出库单   D. 材料出库单

3. 下列退货情况中不必录入退货单的是(　　)。
  A. 入库单未记账   B. 采购发票未结算
  C. 采购发票未付款   D. 入库单已记账

4. 存货核算系统期末处理需要在(　　)系统结账后进行。
  A. 应收款管理   B. 采购管理   C. 销售管理   D. 库存管理

5. 属于库存管理系统业务范围的有(　　)。
  A. 产成品入库业务   B. 暂估处理方式

C. 材料出库业务　　　　　　　D. 盘点业务

三、判断题

1. 采购退货时，在应付款管理系统中填一张付款单，进行收款结算。　　　　（　）
2. 盘点单弃审时，同时删除生成的其他出入库单；生成的其他出入库单如已审核，则相对应的盘点单可弃审。　　　　（　）
3. 采购管理系统中如果没有期初数据，则不需要执行期初记账。　　　　（　）
4. 委托代销结算单审核后，可以由系统自动生成相应的销售发票。　　　　（　）
5. 不管采购入库单上有无单价，采购结算后，其单价都被自动修改为发票上的存货单价。　　　　（　）

四、简答题

1. 简述供应链管理系统期初数据录入的内容。
2. 试述采购入库单货同行业务处理流程。
3. 普通销售业务的主要内容有哪些？
4. 简述开票直接发货销售业务模式下的退货处理流程。
5. 简述存货核算系统的应用模式。

第四章　会计电算化的实施与管理

【学习要点及目标】

通过对本章内容的学习，了解会计电算化实施的意义、原则及要求；熟悉会计电算化系统实施的步骤；掌握会计电算化的宏观管理和微观管理。

【本章内容引言】

会计电算化信息系统是以计算机为工具完成会计的管理工作，也就是运用财务软件对会计信息进行管理。财务软件应用效果的好坏主要取决于软件本身的质量，软件能否成功应用，受诸多环节和诸多因素的影响。因此，需要事先进行充分的准备和制订缜密的计划，进行有效的管理，以便单位会计电算化能够顺利实施。

第一节　会计电算化系统的实施

会计电算化的实施，能够帮助企业改善管理水平，优化业务流程，为企业信息化系统的应用创造条件。因此，实施会计电算化的意义重大，在实施过程中要遵循一定的原则，按步骤进行。

一、会计电算化实施的意义

会计电算化的实施是一项复杂的系统工程，是对企业管理理念、管理模式、业务流程、会计核算、财务管理等方面进行提炼和改造的过程。会计电算化的实施一般遵循以下思路。

(一)改造传统手工模式

手工模式下的突出弱点是管理效率低下、信息不能及时处理和反馈、处理流程重复、手段落后等。改造时，首先对手工系统进行分析，减少中间环节，合并和调整简单重复的业务流程，也就是需要对企业进行业务流程重组，理顺和规范企业管理，按照计算机管理的特点重新规划业务流程。

(二)设置和调整会计信息系统

不同的企业有不同的管理要求和运行模式，因此，对会计信息系统也要做相应的设置和调整，以适应企业特定的要求。如会计电算化的实施需要规范化编码，同时也要求对软件进行客户化改造，即以最小的成本，重新确定业务的处理流程，哪些环节应完全由计算机代替，为适应计算机处理，又需增加哪些环节，这些都是需要考虑的问题。

二、会计电算化实施的原则和要求

会计电算化的实施不是随心所欲的,必须考虑会计工作的特点和企业的现状,以及有关法律制度,遵循一定的原则和要求,才能使企业实施会计电算化并达到其最终目标。

(一)会计电算化实施的原则

通常,会计电算化实施应考虑以下几项基本原则。

1. 合法性原则

企业实施会计电算化的各项工作,必须遵循我国的会计制度、财务制度及有关法律,遵循财政、财务部门会计电算化管理制度,遵循本企业的财务制度,这样才能保证机构设置、岗位分工、人员职责、操作使用、输入数据、输出信息及格式的合法性。

2. 效益性原则

提高经济效益,是会计电算化的最终目的。要提高经济效益,以下几个方面需特别注意:①在系统实施前,应从经济效益、技术力量、管理水平以及各种约束条件等方面进行全面的分析,先进行整个系统的可行性分析,以确定是否具备条件实施会计电算化。②可行性研究要围绕企业的最终经济效益来开展。一般来说,评价电算化系统的经济效益,要从会计电算化能否节约企业的流动资金占用量,能否准确、及时和全面地提供必需的信息,能否提高企业管理工作的效率和质量,以及决策水平等方面着眼。③在系统设计过程中,也应坚持效益性原则,力求降低设计开发成本,提高会计信息系统的质量。

3. 系统性原则

系统性原则就是以包括整体观点、关联观点、发展观点、最优观点在内的系统观点来进行会计电算化实施工作。系统性原则要求内部与外部相结合,局部目标与整体目标相结合。会计电算化信息系统仍可分为许多子系统,实施会计电算化,不可能一次全部完成各子系统,必须分阶段进行。在进行部分子系统实施时,必须有全局的观点,考虑到与其他子系统的连接性,以保证整个系统的完美组合和高质量。

4. 易用性原则

易用性也就是易操作性。会计信息系统的使用者是会计人员,因此系统必须尽可能地方便用户,要具有友好的界面、准确简明的操作提示、简单方便的操作过程,并要求尽可能地使用会计术语,使会计人员一学即会。

(二)会计电算化实施的要求

会计信息系统是一个人机系统,因此会计电算化实施必须有先决条件。对于拟实现会计电算化的单位而言,需要制订会计电算化的工作计划和实施计划,在此基础上搭建硬件和软件平台,选择会计软件,然后才能进行系统实施和运行,以便很好地开展会计电算化工作。

1. 会计电算化实施对硬件环境的要求

会计电算化实施的一个必要条件是会计信息系统硬件运行环境。硬件环境主要应考虑硬件的工作方式和硬件配置。从目前的应用情况来看，会计信息系统硬件的工作方式有三种：单机环境、局域网环境和互联网环境。

1) 单机环境

单机环境是会计信息系统中最简单的一种形式，即由一台或多台互不连接的计算机设备构成支持财务软件运行的硬件基础。在这种情况下，会计信息系统只能完成简单的会计核算的相关任务，数据共享程度差，同时，也不可能给传统的会计核算流程带来相应的改变，只是某一个处理过程的计算机化。

2) 局域网环境

在局域网环境下，借助网络的力量，企业可以实现业务与财务处理的协同。通过覆盖本地企业各个部门的局域网，将企业的信息组织成一个有机的整体，在完成业务数据记录和采集的同时，实现财务数据的同步处理，从而提高了数据处理效率。在这种模式下，会计信息系统的处理内容也不再局限于简单的核算，更多的管理和控制手段可以借助计算机网络来实现，企业内部的信息共享程度将大大提高。

3) 互联网环境

通过 Internet 的会计信息系统，可以实现数据的远程共享，从而可以把跨地区的不同组织或同一组织中跨地区的不同部门联系在一起。一方面，会计信息系统可以从更大的范围内筛选所需的数据，更好地为管理和决策服务；另一方面，会计信息系统也可以借助互联网实现数据的远程控制，提升企业的管理水平。

2. 会计电算化实施对软件环境的要求

会计电算化实施的核心条件是会计信息系统软件环境。软件环境又包括操作系统、数据库管理系统和会计软件。按照企业电算化实现目标的不同，选择适合的软件环境，是开展会计电算化工作的前提。

1) 操作系统的选择

由于基于 Windows 的财务软件的广泛应用，选择单机操作系统时，可考虑采用 Windows 7 或更高版本。而对于需要由网络操作系统控制的计算机系统和设备，用户则需要根据会计软件的体系结构，选择性能稳定的网络操作系统，如 Windows NT、Netware 等。

2) 数据库管理系统的选择

好的数据库管理系统可以保证财务信息的数据安全。不同的会计软件对数据库的要求是不同的，用户一般不能任意选择数据库，但在选择会计软件时，应考查软件选用的数据库是否先进，能否满足用户的需要。目前，会计软件使用的数据库正处于由小型数据库向大型数据库过渡的阶段。大型数据库的数据存储容量大，数据的容错性和一致性较好，能够较好地支持网络化的运行环境，但大型数据库的操作和管理难度较大，技术含量高，而且购买成本也较高，如 SQL Server、Sybase 等。大型企业应尽可能考虑采用大型数据库。

许多软件制造商也推出了基于大型数据库的财务软件。

3) 会计软件的选择

目前，企业大量采用的主流会计软件有用友软件、金蝶软件等。在选择通用会计软件时，应考虑本单位的行业核算特点和业务规模。由于各企业所处的行业不同(如工业与商业、运输业与旅游业)，尽管会计核算的基本理论是一致的，但是各行业的会计核算对象和方法有较大的区别，即使同一行业的不同企业之间也会有许多差异。例如，流通企业中的批发与零售，施工企业中的工程施工与工程总承包。因此，不同企业应该根据自身业务需要来选择。会计软件的取得方式主要有：购买通用商品化软件、定点开发(包括本单位自行开发、委托其他单位开发、联合开发)、通用与定点开发财务软件相结合。

3. 会计电算化实施对人员素质的要求

实施会计电算化要考虑会计人员的素质。实施会计电算化后，会计人员的知识结构发生了根本性的变化，今后的会计人员必须是既熟悉会计知识又能熟练操作计算机的人才。会计电算化实施对人员素质要求的变化又影响到会计机构的组织成员，会计电算化实施后会计机构的组织成员主要由本企业的计算机专业人员和会计人员共同组成。

三、会计电算化系统实施的步骤

会计电算化是一项长期、持续的系统工程，受到许多内外因素的制约，需要有序协调实施。会计电算化系统的实施一般包括以下几个步骤。

(一)确定系统目标与规模

大型会计软件的实施是一个较为复杂的过程，会计电算化信息系统是在企业战略规划的前提下，确定系统的目标和规模。即实施之前，企业应明确实施的目的，实施后，要达到管理的目标，从而根据管理目标确定系统的规模，对实现这一目的的可行性、成本效益做出合理的估算。

(二)编制实施策略和方案

在明确目标和规模的基础上，制定可行的实施方案、具体规划、实施的步骤与进度安排、实施机构的设置、实施各阶段的任务、实施经费预算等。实施方案的编制应在咨询小组与用户充分交流的基础之上产生，要以企业的实际情况为编制的基础，可制定阶段性目标，不可盲目追求过高的目标，以提高实施的成功率。

(三)详细调查与用户需求分析

在会计电算化项目实施过程中，应以用户作为项目实施的主导。对用户业务的详细调查是必不可少的，可以采用直接走访、实地考察、问卷调查等方式与各个层次的使用者进行交流，了解用户的业务流程，确定用户的需求，发现旧系统中存在的问题和效率低下的环节。

(四)优化和重组业务流程

结合软件提供的功能和用户的管理要求,对原有的业务流程进行调整和优化,制定解决方案,对各个处理环节的功能、数据处理特点、权限和职责做出规划,对一些特殊环节,可根据用户需求,对软件功能进行改造。

(五)开展不同层次的用户培训

运用会计电算化的工作人员不仅需要精通会计专业知识,还需要掌握计算机操作和数据库等相关知识,对不同的操作人员的技能要求是不同的。因此,会计电算化操作人员培训分为初级、中级和高级三个层次:初级培训,针对软件的操作人员,培训软件各项功能的实现和操作,使他们掌握相关的计算机常识,可排除简单故障;中层培训,以系统维护人员和各部门骨干为主,介绍软件的工作原理、软件结构和系统的工作流程,侧重于系统维护、安全管理、数据库管理系统、规划控制等方面的培训;高层培训,以部门经理及管理人员为主,能够进行财务软件的分析和设计。

(六)整理初始数据

初始数据的内容主要有:确定各种参数设置、编码规则、初始数据;确定数据来源以及原始数据的提供者、提供方式;制定具体的核算方法、处理过程;验证初始数据的准确性、完整性,防止实施过程中出现数据遗漏和错误的情况,降低实施风险。

(七)系统试运行

这一阶段是指模拟一个用户的实际运行环境,用户可将实际数据输入系统,考查系统处理流程是否满足既定目标,处理效率是否还有提高的可能,处理的结果是否满足管理者对数据的需求,并对制定的方案进行修订和验证。这一阶段的主要目的是发现问题、找出错误。

(八)安装和调试软件与初始化过程

这一阶段的工作量较大,但工作难度相对较低,用户要严格按照处理流程进行操作,防止意外情况的发生。确保各项工作步入正轨,进一步发现系统中存在的隐患,及时弥补。

(九)运行与信息反馈阶段

严格进行管理与维护,在实际工作中,验证系统的各项性能,及时反馈和记录运行的效果,提出改进方案。

第二节 会计电算化的管理

为了促进会计电算化工作规范化和提高企业经济效益,必须加强会计电算化的管理,会计电算化的管理有宏观管理和微观管理之分。

一、会计电算化的宏观管理

会计电算化的宏观管理是指国家各级财政部门、业务主管部门对全国或本地区、本系统、本行业的会计电算化工作实施的组织领导和管理。会计电算化的宏观管理对全面推进会计电算化事业的发展以及解决目前会计电算化工作中存在的问题，起着指导和规范作用。宏观管理是相对于基层单位会计电算化的组织和计划工作而言的，主要包括以下内容。

(一)制订会计电算化发展规划

各级财政管理部门根据全国及本地区经济发展和电子技术的应用情况，联系本地区会计电算化工作现状及会计工作自身的要求，制定国家、地区或部门的会计电算化工作目标。规划的目的主要是指导和推动会计电算化工作健康发展。

(二)制定会计电算化管理制度

加强会计电算化管理制度建设，是我国会计电算化工作步入规范化、程序化、法制化的关键。会计电算化管理制度的贯彻和完善，是形成会计电算化自上而下管理体系的重要保证。会计电算化管理制度的制定促进了电算化工作的顺利开展。

(三)加强会计核算软件的评审及会计软件市场管理

会计核算软件的使用关系到财务会计制度的贯彻执行和会计信息的安全、合法、准确、可靠，以及使用软件单位的利益，应按照《商品化会计核算软件评审规则》对我国境内使用的会计核算软件，包括国外的商品化会计核算软件，进行严格评审。对商品化会计核算的评审，主要审查软件的功能是否符合会计基本原理和我国的法律、法规，检测软件的主要技术性能，并对财务会计分析功能和相关信息处理功能以及软件开发经销单位的售后服务能力适当予以评价。

(四)搞好会计电算化人才培养

对会计电算化人才的培养，应严格按照财政部颁布的《会计电算化知识培训管理办法》的要求进行。对会计电算化人才的培养应多层次、多形式、多渠道进行，只有培养出大批既懂计算机又熟悉会计业务知识的人才，才能加快会计电算化进程和提高会计电算化水平。

(五)推动会计电算化理论研究

理论来源于实践并指导实践，同样，电算化理论的研究指导着会计电算化的实践，决定着会计电算化事业的发展。近年来，我国会计电算化事业普及和发展的速度较快，但仍有许多问题需要进一步研究和探讨。如会计电算化的发展趋势、会计电算化信息系统的平台建设、会计电算化的规范实施流程、会计电算化的集成化发展、会计软件的开发与测试、会计电算化的人才培养、电算化审计研究、会计决策支持系统研究、会计系统与管理信息系统研究等。

二、会计电算化的微观管理

会计电算化的微观管理是指各基层单位在国家会计电算化管理制度、标准和规范的指导下如何开展本单位的会计电算化工作,主要包括会计电算化系统岗位责任制、会计电算化系统操作管理、会计电算化系统安全管理和会计电算化档案管理。

(一)会计电算化系统岗位责任制

实施会计电算化的单位,应建立会计电算化岗位工作责任制度,明确规定每个岗位的职责范围,以利于会计工作程序化、规范化。一般而言,单位会计电算化系统岗位和工作职责可划分为以下几个方面。

1. 电算主管

电算主管负责协调计算机及会计软件系统的运行工作。此岗位要求具备会计和计算机知识,以及与会计电算化组织管理相关的经验。电算主管可由会计主管兼任。

2. 软件操作

负责输入记账凭证等相关会计数据,输出记账凭证、会计账簿、报表和进行部分会计数据处理工作。此岗位要求具备会计软件操作知识,达到会计电算化初级知识培训水平。

3. 审核记账

负责对计算机的会计数据进行审核,操作会计软件,登记机内账簿,对打印输出的账簿、报表进行确认。此岗位要求具备会计和计算机知识,达到会计电算化初级知识培训水平。

4. 电算维护

负责保证计算机硬件和软件的正常运行,管理计算机内的会计数据。此岗位要求具备会计和计算机知识,经过会计电算化中级知识培训。

5. 电算审查

负责监督计算机及会计软件系统的运行,防止利用计算机进行舞弊。此岗位要求具备会计和计算机知识,达到会计电算化初级知识培训水平。

6. 数据分析

负责对计算机内的会计数据进行分析。此岗位要求具备会计和计算机知识,达到会计电算化高级知识培训水平。

7. 档案管理

负责存档数据、程序磁盘、输出的账表、凭证和各种会计档案资料的保管工作,做好磁盘、数据及资料的安全保密工作。

(二)会计电算化系统操作管理

单位实现会计电算化后,会计人员必须操作计算机才能进行会计核算工作,如果操作不正确,会造成系统内数据的破坏和丢失,影响系统的正常运行。因此,必须通过对系统操作的管理,保证系统正常运行,完成会计核算工作,保证会计信息的安全与完整。会计电算化操作管理的主要内容如下。

(1) 明确规定会计软件上机操作的工作内容和权限,对操作密码要严格管理,指定人员定期更换密码,杜绝未经授权的人员操作会计软件。

(2) 预防已输入计算机的原始凭证和记账凭证等会计数据未经审核就录入计算机内账簿。

(3) 操作人员离开机房前,应退出会计软件。

(4) 根据本单位实际情况,由专人保存必要的上机操作记录,如记录操作人、操作时间、操作内容、故障情况等内容。

(三)会计电算化系统安全管理

在会计电算化系统中,往往存在一些安全隐患,如计算机硬件故障、会计数据丢失、意外事故发生和计算机病毒的侵入等。为了防止以上隐患的发生,需要从以下几方面加强系统的安全管理。

1. 硬件安全管理

保证机房设备安全和计算机正常运行是进行会计电算化的前提条件,要经常对有关设备进行检查、保养,发现硬件故障时,及时做好故障分析,并做好记录,保持机房和设备的整洁,防止意外事故的发生。硬件维护工作中,小故障一般由本单位的计算机维护人员负责,若出现较大的故障,应及时与硬件生产或销售厂家联系。

2. 软件与数据的安全管理

通过数据处理和存储分离、操作人员身份的密码控制、操作权限控制、数据加密等措施,保证数据的完整与保密;通过日志管理和各种软件、硬件技术防范数据丢失或非法修改,保证数据的真实性;数据备份是一种恢复性控制手段,在使用中的数据丢失后,可以使用备份恢复和重建数据;为了节省硬盘存储空间,可将往年数据删除,删除前应做好删除数据的备份工作,通常计算机内应存有2年的会计数据。

3. 环境安全管理

为计算机系统提供正常运行环境的管理制度。常见的运行环境安全包括电源的控制,机房空调设置,防火、防水、防尘和防湿装置,对系统的电压、温度、湿度、洁净度等实行监测。

4. 计算机病毒的防治管理

为防止计算机病毒的侵入,除应禁止使用未经检测和查杀病毒的磁盘外,会计信息系

第四章 会计电算化的实施与管理

统的计算机应专机专用,不得进行与系统无关的其他操作,应经常对杀毒软件进行升级,并定期全盘查杀计算机病毒。

(四)会计电算化档案管理

会计电算化档案管理是非常重要的会计基础工作,单位必须加强对会计档案管理工作的领导,建立和健全会计档案的立卷、归档、调阅和销毁管理制度,并由专人负责管理。会计电算化档案管理的主要内容包括以下几点。

(1) 会计电算化档案包括存储在计算机硬盘中的会计数据、其他磁性介质或光盘存储的会计数据、计算机打印出来的书面等形式的会计数据。会计数据是指记账凭证、会计账簿、会计报表等数据。

(2) 会计电算化档案管理是重要的会计基础工作,要严格按照财政部有关规定的要求对会计档案进行管理,由专人负责。

(3) 对会计电算化档案管理要做好防磁、防火、防潮和防尘工作,重要的会计档案应复制多份,存放在不同的地点。

(4) 采用磁性介质保存会计档案,要定期进行检查、复制,防止由于磁性介质损坏而使会计档案丢失。

(5) 通用会计软件、定点开发会计软件、通用和定点开发相结合的会计软件的全套文档资料以及会计软件程序,视同会计档案保管,保管期截止到该软件停止使用或有重大更改之后的5年。

本 章 小 结

企业会计电算化的成功实施,标志着企业的管理水平进入了一个管理规范化、流程合理化、工作高效化、管理扁平化、决策数字化的新境界,因此各单位在实施会计电算化前,应针对单位的特点,对其实施的意义、原则、要求及实施过程进行充分调研和分析,对管理办法和工作规范深入学习,对可能出现的问题制定出相应的解决方案和管理制度。

自 测 题

一、单项选择题

1. 关于系统实施,下列说法正确的是(   )。
   A. 系统实施的首要任务是搭建硬件和软件平台
   B. 系统实施的主要任务是应用会计软件
   C. 系统实施过程应该由专门的实施部门独立进行
   D. 系统实施的最佳效果是实现人机系统的最佳结合
2. 会计电算化的(   )是指开展会计电算化单位自身的一些管理办法、措施、活动。

A. 宏观管理 B. 微观管理
C. 宏观管理和微观管理 D. 以上都不对

3. 由于磁盘空间是有限的，需要使用往年数据删除功能。删除前应做好删除数据的备份工作，通常机内应存有(　　)的会计数据。

A. 1个月　　　B. 6个月　　　C. 1年　　　D. 2年

4. 会计电算化实施的核心条件是会计信息系统(　　)环境。

A. 硬件　　　B. 软件　　　C. 网络　　　D. 机房

5. 数据管理一般由(　　)或指定的专人负责。

A. 系统管理员　B. 系统维护员　C. 账套主管　D. 审核员

6. 数据备份是一种恢复性控制手段，在使用中的数据丢失后，可以使用(　　)和重建数据。

A. 文件备份　B. 强制备份　C. 临时备份　D. 备份恢复

7. 会计电算化信息系统是在企业战略规划的前提下，确定系统的(　　)。

A. 目标、规模　B. 投资、成本　C. 软、硬件构架　D. 发展规划

8. 会计软件的全套文档资料以及会计软件程序，视同会计档案保管，保管期截止到该软件停止使用或有重大更改之后的(　　)年。

A. 2　　　B. 3　　　C. 4　　　D. 5

9. 在会计电算化项目实施过程中，应以(　　)作为项目实施的主导。

A. 企业高层领导 B. 软件开发商
C. 第三方支持 D. 用户

10. 财政部于(　　)年发布了《会计电算化工作规范》。

A. 1983　　　B. 1987　　　C. 1988　　　D. 1996

二、多项选择题

1. 目前会计电算化信息系统的硬件工作方式有(　　)。

A. 单机环境　B. 局域网环境　C. 广域网环境　D. 互联网环境

2. 企业选择会计软件的方式有(　　)。

A. 自行开发 B. 购买通用商品化软件
C. 委托开发 D. 联合开发

3. 会计电算化实施的原则有(　　)。

A. 效益性原则　B. 合法性原则　C. 系统性原则　D. 易用性原则

4. 会计电算化岗位有(　　)。

A. 电算主管　B. 电算维护　C. 软件操作　D. 审核记账

5. 会计电算化宏观管理的主要内容包括(　　)。

A. 发展规划的制订 B. 会计核算软件的评审
C. 会计电算化人才的培养 D. 会计电算化系统的操作管理

三、判断题

1. 在会计电算化项目实施过程中，对用户业务的详细调查是必不可少的，可以采用直接走访、实地考察、问卷调查等方式与各个层次的使用者进行交流。（　）
2. 实现会计电算化后，会计数据的安全性有所下降。（　）
3. 会计电算化系统的引入就是简单的手工系统的模拟。（　）
4. 会计电算化初级培训以系统维护人员和各部门骨干为主，侧重于系统维护、安全管理、数据库管理系统、规划控制等方面的培训。（　）
5. 恢复是指将数据从硬盘输出到机外的软盘和其他存储介质的过程。（　）

四、简答题

1. 会计电算化系统的实施步骤有哪些？
2. 简述会计电算化宏观管理的主要内容。
3. 简述会计电算化系统安全管理的主要内容。
4. 简述会计电算化系统操作管理的主要内容。
5. 简述会计电算化系统档案管理的主要内容。

下篇 实验操作篇

第五章 单项实验

实验一 系统管理和基础设置

实验目的

- 掌握系统管理的工作流程。
- 理解系统管理在整个系统中的作用。

实验内容

- 系统注册。
- 设置用户。
- 建立账套。
- 设置用户权限。
- 启用总账系统。
- 设置基础档案。
- 修改账套。
- 账套输出。
- 删除账套。
- 账套引入。

实验一 系统管理和基础设置.ppt

实验一账套.rar

实验准备

安装用友 ERP-U8 v10.1 系统。

实验要求

- 系统管理员(admin)负责系统注册、设置用户、建立账套、设置用户权限、输出账套、删除账套和引入账套的操作。
- 账套主管001(刘杰)负责启用系统、设置基础档案和修改账套的操作。

第五章 单项实验

实验资料

1．用户及其权限

用户及其权限如表 5-1 所示。

表 5-1 用户及其权限

编 号	姓 名	认证方式	口 令	所属部门	权 限
001	刘杰	用户+口令（传统）	001	财务部	账套的全部权限
002	梁红	用户+口令（传统）	002	财务部	"公共单据""公用目录设置""总账(除'审核凭证'和'恢复记账前状态'外)""薪资管理""固定资产""应收款管理""应付款管理"的所有权限
003	李波	用户+口令（传统）	003	财务部	总账系统中出纳签字及出纳的所有权限
004	杨磊	用户+口令（传统）	004	采购部	"公共单据""公用目录设置""应付款管理""总账""采购管理""库存管理""存货核算"的所有权限
005	刘佳	用户+口令（传统）	005	销售部	"公共单据""公用目录设置""应收款管理""总账""销售管理""库存管理""存货核算"的所有权限

2．账套

1) 账套信息

账套号：006。

账套名称：雄龙公司。

启用会计期间：2019 年 1 月。

2) 单位信息

单位名称：山西雄龙科技有限公司。

单位简称：雄龙公司。

单位地址：太原市南内环街 102 号。

法人代表：赵刚。

邮政编码：030012。

税号：140111672302765。

3) 核算类型

本币代码：RMB。

本币名称：人民币。

企业类型：工业。

行业性质：2007年新会计制度科目，按行业性质预置科目。

账套主管：刘杰。

4) 基础信息

存货分类、客户分类，供应商不分类，有外币核算。

5) 编码方案

科目编码级次：42222。

客户分类编码级次：12。

存货分类编码级次：22。

部门编码级次：12。

结算方式编码级次：12。

收发类别编码级次：12。

其他编码级次按系统默认设置。

6) 数据精度

全部采用系统默认值，即保留两位小数。

3．系统启用

启用总账系统，启用日期为2019年1月1日。

4．基础档案

1) 部门档案

部门档案如表5-2所示。

表5-2　部门档案

部门编码	部门名称	部门属性
1	人事部	综合管理
2	财务部	财务管理
3	采购部	采购供应
4	销售部	市场营销
401	销售一部	市场营销
402	销售二部	市场营销
5	生产部	产品生产

2) 人员类别

本公司正式工分为4类：企业管理人员、采购人员、销售人员和生产人员，如表5-3所示。

3) 人员档案

人员档案如表5-4所示。

表 5-3 人员类别

分类编码	档案名称
10101	企业管理人员
10102	采购人员
10103	销售人员
10104	生产人员

表 5-4 人员档案

人员编码	人员姓名	性别	人员类别	雇佣状态	行政部门	是否业务员	是否操作员	对应操作员编码
101	赵刚	男	企业管理人员	在职	人事部	是		
201	刘杰	男	企业管理人员	在职	财务部	是	是	001
202	梁红	女	企业管理人员	在职	财务部	是	是	002
203	李波	女	企业管理人员	在职	财务部	是	是	003
301	杨磊	男	采购人员	在职	采购部	是	是	004
401	刘佳	男	销售人员	在职	销售一部	是	是	005
402	李丽	女	销售人员	在职	销售二部	是		
501	郭涛	女	生产人员	在职	生产部	是		

4) 客户分类

客户分类如表 5-5 所示。

表 5-5 客户分类

分类编码	分类名称
1	长期客户
2	短期客户

5) 客户档案

客户档案如表 5-6 所示。

表 5-6 客户档案

客户编码	客户简称	所属分类	税 号	开户银行	银行账号	地 址	分管部门	专管业务员
01	兴达公司	1	110136540807588	交行	56438306	北京市朝阳区	销售一部	刘佳
02	昌盛公司	2	210084327906754	交行	69874532	上海市浦东区	销售二部	李丽

6) 供应商档案

供应商档案如表 5-7 所示。

表 5-7 供应商档案

供应商编码	供应商简称	所属分类	税 号	开户银行	银行账号	地 址	分管部门	专管业务员
01	益民公司	00	140106783474921	工行	88342965	太原市南内环街	采购部	杨磊
02	万邦公司	00	140103354682342	工行	90685472	太原市五一路	采购部	杨磊

5. 修改账套

将会计科目的编码级次由 42222 改为 4222。

实验步骤

1. 系统注册

(1) 选择"开始"|"所有程序"|"用友 U8 v10.1"|"系统服务"|"系统管理"命令，进入"系统管理"窗口。

(2) 选择"系统"|"注册"命令，打开"登录"对话框，系统管理员密码为空，选择系统默认账套(default)，单击"登录"按钮后，以系统管理员的身份登录系统，如图 5-1 所示。

图 5-1 以系统管理员的身份登录系统

2. 设置用户(微课视频：WK01)

(1) 选择"权限"|"用户"命令，进入"用户管理"窗口。

(2) 单击工具栏上的"增加"按钮，打开"操作员详细情况"对话框，根据实验资料"1. 用户及其权限"，录入用户的编号、姓名、认证方式、口令、所属部门等内容，单击"增加"按钮即可完成新增用

WK01.flv

户的操作，如图 5-2 所示。通过单击工具栏上的"修改"或"删除"按钮，可以对用户进行修改与删除。

图 5-2 "操作员详细情况"对话框

3. 建立账套(微课视频：WK02)

(1) 以系统管理员 admin 的身份注册进入"系统管理"窗口，选择"账套"|"建立"命令，打开"创建账套"对话框，选中"新建空白账套"单选按钮，如图 5-3 所示。

WK02.flv

图 5-3 "创建账套"对话框

(2) 根据实验资料"2. 账套信息",按系统提示录入账套信息、单位信息、核算类型、基础信息。

(3) 单击"完成"按钮,系统提示"可以创建账套了么?",单击"是"按钮,系统打开"编码方案"对话框,开始创建账套。

(4) 根据实验资料"2. 账套信息",设置编码方案,单击"确定"按钮,如图5-4所示。

项目	最大级数	最大长度	单级最大长度	第1级	第2级	第3级	第4级	第5级	第6级	第7级	第8级	第9级
客户分类编码级次	5	12	9	1	2							
存货分类编码级次	8	12	9	2	2							
部门编码级次	9	12	9	1	2							
地区分类编码级次	5	12	9	2	3	4						
费用项目分类	5	12	9	1	2							
结算方式编码级次	2	3	3	1	2							
货位编码级次	8	20	9	2	3	4						
收发类别编码级次	3	5	5	1	2							
项目设备	8	30	9	2	2							
责任中心分类档案	5	30	9	2	2							
项目要素分类档案	6	30	9	2	2							
客户权限组级次	5	12	9	2	3	4						
供应商权限组级次	5	12	9	2	3	4						
存货权限组级次	8	12	9	2	2	2	2	3				

图5-4 "编码方案"对话框

(5) 根据实验资料"2. 账套信息",确定数据精度。

(6) 系统弹出"创建账套"系统提示框,单击"否"按钮,结束建账过程。

注意: 编码方案、数据精度、系统启用项目可以由账套主管进入"企业应用平台"窗口,在"基础设置"选项卡下的"基本信息"中进行修改。

4. 设置用户权限(微课视频:WK03)

(1) 在"系统管理"窗口中选择"权限"|"权限"命令,打开"操作员权限"对话框。根据实验资料"1. 用户及其权限",给各用户指定权限。

WK03.flv

(2) 选择"006 雄龙公司"账套,2019年度。从操作员列表中选择"001 刘杰",选中"账套主管"复选框,确定刘杰具有账套主管权限。

(3) 从操作员列表中选择"002 梁红",选择"006"账套,单击"修改"按钮,在权限前打钩表示具有该权限,单击"保存"按钮,如图5-5所示。同理,设置"003 李波""004 杨磊""005 刘佳"的权限。

第五章 单项实验

5. 系统启用(微课视频：WK04)

(1) 选择"开始"|"程序"|"用友 U8 v10.1"|"企业应用平台"命令，打开"登录"对话框。

WK04.flv

(2) 录入操作员"001"、密码"001"、账套"006 雄龙公司"、操作日期"2019-01-01"，进入"企业应用平台"窗口。

(3) 选择"基础设置"|"基本信息"|"系统启用"命令，打开"系统启用"对话框，根据实验资料"3. 系统启用"的要求启用总账系统，如图 5-6 所示。

图 5-5 "操作员权限"对话框

图 5-6 "系统启用"对话框

6. 设置基础档案

(1) 在企业应用平台中选择"基础设置"|"基础档案"选项,进入基础档案信息设置界面。

(2) 根据实验资料"4. 基础档案",依次录入部门档案、人员类别、人员档案、客户分类、客户档案、供应商档案的基础档案信息。

7. 修改账套(微课视频:WK05)

WK05.flv

(1) 以账套主管"001 刘杰"的身份注册进入"系统管理"窗口,选择"账套"|"修改"命令,打开"修改账套"对话框,根据实验资料"5. 修改账套",修改编码方案信息。

(2) 修改完成后单击"完成"按钮,确认修改的账套信息。

注意: 只有账套主管才可以修改其具有权限的年度账套中的信息,系统管理员无权修改;账套中的很多参数不能修改。若这些参数错误,则只能删除此账套,再重新建立。

8. 输出(备份)账套(微课视频:WK06)

WK06.flv

(1) 在硬盘上建立"实验一 系统管理和基础设置"文件夹。
(2) 以系统管理员 admin 的身份注册进入"系统管理"窗口。
(3) 选择"账套"|"输出"命令,打开"账套输出"对话框。
(4) 在"账套号"处选择需要输出的账套 006,单击"确认"按钮,即可输出到"实验一 系统管理和基础设置"文件夹中,如图 5-7 所示。

图 5-7 "账套输出"对话框

9. 输出(删除)账套

在已操作"8. 输出账套"的基础上,打开"账套输出"对话框时,若选中"删除当前输出账套"复选框,即可完成删除的操作。

10. 引入账套(微课视频:WK07)

WK07.flv

(1) 以系统管理员 admin 的身份注册进入"系统管理"窗口。
(2) 选择"账套"|"引入"命令,打开"请选择账套备份文件"对话框。

(3) 找到备份的实验一的账套数据文件 UfErpAct.Lst，单击"确定"按钮，将数据恢复到系统中，如图 5-8 所示。

注意：只有系统管理员才有权限输出和引入账套。

图 5-8 "请选择账套备份文件"对话框

实验二　总账管理系统初始设置

实验目的

- 熟悉总账管理系统初始设置的主要内容和操作流程。
- 掌握总账管理系统初始设置的操作方法。

实验内容

- 设置总账系统参数。
- 定义外币及汇率。
- 建立会计科目。
- 设置凭证类别。
- 定义结算方式。
- 设置项目目录。
- 录入期初余额。

实验二　总账管理系统初始设置.ppt

实验二账套.rar

实验准备

引入实验一的账套备份数据或在 U 盘上引入已备份的实验一的账套数据。

实验要求

账套主管001(刘杰)负责总账管理系统初始设置的操作。

实验资料

1．总账系统参数

制单序时控制；支票控制；可以使用应收、应付、存货受控科目；出纳凭证必须经由出纳签字；不允许修改、作废他人填制的凭证；选择"现金流量科目必录现金流量项目"选项；数量小数位和单价小数位设置为两位；部门、个人、项目按编码方式排序。

2．外币及汇率

币符：USD；币名：美元；汇率：1∶6.5697。

3．会计科目

(1) 增加会计科目如表5-8所示。

表5-8 增加会计科目

科目编码	科目名称	辅助账类型
100201	工行存款	日记账、银行账
100202	交行存款	外币核算、日记账、银行账
122101	职工借款	个人往来
140301	生产用原材料	数量核算(个)
190101	待处理流动资产损溢	
190102	待处理固定资产损溢	
221101	工资	
221102	工会经费	
221103	职工教育经费	
222101	应交增值税	
22210101	进项税额	
22210102	销项税额	
222102	应交所得税	
400201	投资评估增值	
500101	直接材料	项目核算
500102	直接人工	项目核算
660201	办公费	部门核算
660202	差旅费	部门核算
660203	工资	部门核算
660204	折旧费	部门核算

(2) 修改会计科目如表 5-9 所示。

表 5-9 修改会计科目

科目编码	科目名称	辅助账类型
1001	库存现金	日记账
1122	应收账款	客户往来
2202	应付账款	供应商往来
5001	生产成本	项目核算

(3) 指定科目。将"1001 库存现金"指定为现金总账科目，将"1002 银行存款"指定为银行总账科目，将"1001 库存现金、100201 工行存款、100202 交行存款"指定为现金流量科目。

4．凭证类别

凭证类别如表 5-10 所示。

表 5-10 凭证类别

类 别 字	凭证类别	限制类型	限制科目
收	收款凭证	借方必有	1001，100201，100202
付	付款凭证	贷方必有	1001，100201，100202
转	转账凭证	凭证必无	1001，100201，100202

5．结算方式

结算方式如表 5-11 所示。

表 5-11 结算方式

结算方式编码	结算方式名称	是否票据管理
1	现金结算	否
2	支票结算	否
201	现金支票	是
202	转账支票	是

6．项目目录

项目目录如表 5-12 所示。

7．期初余额

期初余额如表 5-13 所示。

表 5-12 项目目录

项目设置	设置内容
项目大类	生产成本
核算科目	生产成本(5001) 直接材料(500101) 直接人工(500102)
项目分类	1. 自行开发项目 2. 委托开发项目
项目名称	台式电脑(101)所属分类码 1 笔记本电脑(102)所属分类码 1 扫描仪(103)所属分类码 1

表 5-13 期初余额 单位：元

科目名称	辅助账明细	方　向	期初余额
库存现金		借	20 000
银行存款		借	850 000
工行存款		借	500 000
交行存款		借	350 000
应收账款	日期：2018 年 12 月 20 日；客户：兴达公司；业务员：刘佳；摘要：销售商品；方向：借；金额：500 000	借	500 000
其他应收款		借	10 000
职工借款	日期：2018 年 12 月 26 日；部门：人事部；个人：赵刚；摘要：出差借款；方向：借；金额：10 000	借	10 000
坏账准备		贷	5 000
原材料		借	250 000
生产用原材料		借	250 000
库存商品		借	800 000
固定资产		借	350 000
累计折旧		贷	21 760
应付账款	日期：2018 年 12 月 28 日；供应商：益民公司；业务员：杨磊；摘要：购货款；方向：贷；金额：289 700	贷	289 700
实收资本		贷	2 523 540
生产成本		借	60 000
直接材料	台式电脑：20 000；笔记本电脑：25 000	借	45 000
直接人工	台式电脑：10 000；笔记本电脑：5 000	借	15 000

实验步骤

1. 设置总账系统参数

(1) 以账套主管"001 刘杰"的身份注册进入企业应用平台,登录日期为 2019 年 1 月 1 日,在企业应用平台的"业务工作"选项卡中,选择"财务会计"|"总账"|"设置"|"选项"命令,打开"选项"对话框,如图 5-9 所示。

(2) 单击"编辑"按钮,分别切换到"凭证""账簿""权限""会计日历""其他"选项卡,根据实验资料"1.总账系统参数",对各参数进行相应的设置或调整。

图 5-9 "选项"对话框

【注意事项】

- 选择"出纳凭证必须经由出纳签字"后,还应通过"指定科目"功能设置相应的现金总账科目和银行总账科目。
- 总账管理系统的启用日期不能超过计算机系统日期。
- 对于总账管理系统中已录入期初余额,或已录入汇率,或已制单的月份以及新年度进入系统时,不能修改总账启用日期。

2. 定义外币及汇率(微课视频:WK08)

(1) 在企业应用平台的"基础设置"选项卡中选择"基础档案"|"财务"|"外币设置"命令,打开"外币设置"对话框。

(2) 单击"增加"按钮,录入币符 USD、币名"美元",单击"确认"按钮。

(3) 录入"2019-01"和记账汇率 6.5697,如图 5-10 所示,完成后退出。

WK08.flv

图 5-10 "外币设置"对话框

【注意事项】
- 定义外币及汇率时,应先定义各种外币,在已有外币的基础上再进行汇率定义。
- 已经使用的外币不能删除。

3. 建立会计科目(微课视频:WK09)

(1) 在企业应用平台的"基础设置"选项卡中选择"基础档案"|"财务"|"会计科目"命令,进入"会计科目"窗口。

(2) 单击"增加"按钮,打开"新增会计科目"对话框,根据实验资料"3. 会计科目"录入要求增加的会计科目信息,如图 5-11 所示,录入完毕后返回"会计科目"窗口。

WK09.flv

图 5-11 "新增会计科目"对话框

(3) 选中需修改的科目，单击"修改"按钮，根据实验资料"3．会计科目"的要求修改科目信息，完成后退出。

(4) 选择"编辑"|"指定科目"命令，打开"指定科目"对话框，选中"1001 库存现金"为现金总账科目，如图 5-12 所示，"1002 银行存款"为银行总账科目，"1001 库存现金""100201 工行存款""100202 交行存款"为现金流量科目，确定后返回"会计科目"窗口。

图 5-12 "指定科目"对话框

【注意事项】

- 会计科目编码必须唯一。非末级会计科目不能修改科目编码。
- 辅助账类必须设在末级科目上，但为了查询或出账方便，有些科目也可以在末级和上级设辅助账类。
- 已有余额的会计科目，应先将该科目及其下级科目余额清零后再修改和删除。
- 删除科目应遵循自下而上的原则，即先删除下一级科目，然后再删除本级科目。
- 被封存的会计科目在制单时不可以使用。
- 被指定为现金银行科目的会计科目不能删除。如想删除，必须先取消指定。
- 凭证记账后期初余额变为浏览只读状态，不能再修改。

4．设置凭证类别(微课视频：WK10)

(1) 在企业应用平台的"基础设置"选项卡中选择"基础档案"|"财务"|"凭证类别"命令，打开"凭证类别预置"对话框。

(2) 选中"收款凭证、付款凭证、转账凭证"单选按钮，确定后进入"凭证类别"对话框。

(3) 根据实验资料"4．凭证类别"的要求分别设置收款凭证、付款凭证和转账凭证的限制类型和限制科目，如图 5-13 所示，完成后退出。

WK10.flv

图 5-13 "凭证类别"对话框

5．定义结算方式(微课视频：WK11)

(1) 在企业应用平台的"基础设置"选项卡中选择"基础档案"|"收付结算"|"结算方式"命令，进入"结算方式"窗口。

(2) 单击"增加"按钮，根据实验资料"5．结算方式"的要求增加结算方式信息，如图 5-14 所示，完成后退出。

WK11.flv

图 5-14 "结算方式"窗口

6．设置项目目录(微课视频：WK12)

(1) 在企业应用平台的"基础设置"选项卡中选择"基础档案"|"财务"|"项目目录"命令，打开"项目档案"对话框。

(2) 单击"增加"按钮，打开"项目大类定义_增加"对话框，录入项目大类名称"生产成本"，如图 5-15 所示，完成后返回"项目档案"对话框。

WK12.flv

第五章 单项实验

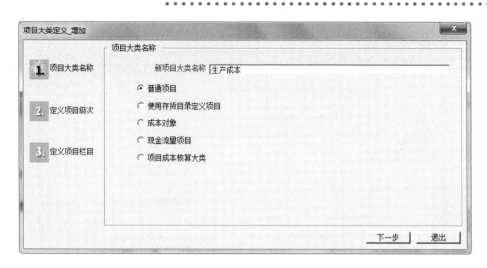

图 5-15 "项目大类定义_增加"对话框

(3) 切换到"核算科目"选项卡,选择项目大类"生产成本",根据实验资料"6. 项目目录"将生产成本(5001)及其明细科目设为"核算科目",如图 5-16 所示,单击"确定"按钮。

图 5-16 "核算科目"选项卡

(4) 切换到"项目分类定义"选项卡,单击"增加"按钮,根据实验资料"6. 项目目录"录入项目分类,如图 5-17 所示。

(5) 切换到"项目目录"选项卡,单击"维护"按钮,进入"项目目录维护"窗口,根据实验资料"6. 项目目录"增加项目名称,如图 5-18 所示。

图 5-17 "项目分类定义"选项卡

图 5-18 "项目目录维护"窗口

7. 录入期初余额(微课视频：WK13)

(1) 在总账系统中选择"设置"|"期初余额"命令，进入"期初余额录入"窗口。

(2) 根据实验资料"7. 期初余额"的要求直接录入库存现金、工行存款、交行存款、坏账准备、生产用原材料、库存商品、固定资产、累计折旧、实收资本科目的期初余额。

(3) 双击"应收账款"科目，进入"辅助期初余额"窗口，单击"往来明细"按钮，进入"期初往来明细"窗口，根据实验资料"7. 期初余额"录入"应收账款"辅助账明细科目的期初余额，如图 5-19 所示，单击"汇总"按钮，系统弹出"完成了往来明细到辅助期

WK13.flv

初表的汇总"对话框,单击"确定"按钮。采用同样的方法录入其他应收款(个人往来)、应付账款(供应商往来)的辅助账的期初余额和辅助账明细科目的期初余额。

图 5-19 "期初往来明细"窗口

(4) 根据实验资料"7. 期初余额"录入"直接材料"和"直接人工"(项目核算)辅助账的期初余额,完成后返回。

(5) 单击"试算"按钮,查看余额平衡情况,正确录入余额后借、贷合计均为 2 813 240,表明试算平衡,如图 5-20 所示。如不平衡,继续调整,直到平衡为止。

图 5-20 "期初试算平衡表"对话框

(6) 单击"对账"按钮,核对总账上下级、总账与辅助账、辅助账与明细账的期初余额是否一致,一致打上"Y"标记,如图 5-21 所示。

图 5-21 "期初对账"对话框

(7) 单击"退出"按钮,退出"期初余额录入"窗口。

8. 账套备份

(1) 在硬盘上建立"实验二 总账管理系统初始设置"文件夹。

(2) 将账套数据备份输出至"实验二 总账管理系统初始设置"文件夹中。

实验三 总账管理系统日常处理

实验目的

- 熟悉总账管理系统日常处理的主要内容和操作流程。
- 掌握总账管理系统日常处理的操作方法。

实验内容

- 填制凭证。
- 出纳签字。
- 审核凭证。
- 记账。
- 冲销第1笔经济业务对应的凭证。
- 恢复记账前状态。
- 查询凭证。
- 删除第1笔经济业务生成的红字冲销凭证。
- 重新记账。
- 查询原材料总账,并联查明细账和凭证,查询余额表,查询客户往来明细账,查询银行日记账。

实验三 总账管理系统日常处理.ppt

实验三账套.rar

实验准备

引入实验二的账套备份数据或在U盘上引入已备份的实验二的账套数据。

实验要求

- 001(刘杰)负责审核凭证、记账、恢复记账前状态的操作。
- 002(梁红)负责填制凭证、查询凭证、冲销凭证、删除凭证、查询账簿的操作。
- 003(李波)负责出纳签字的操作。

实验资料

2019年1月份发生的经济业务如下。

(1) 1月4日，销售部刘佳购买了500元办公用品，以现金支付。

借：销售费用(6601)　　　　　500

　　贷：库存现金(1001)　　　　　500

(2) 1月6日，财务部李波从工行提取现金10 000元备用，现金支票号为X001。

借：库存现金(1001)　　　　　　　10 000

　　贷：银行存款——工行存款(100201)　10 000

(3) 1月9日，收到外单位投资10 000美元，汇率为1∶6.5697，转账支票号为001。

借：银行存款——交行存款(100202)　65 697

　　贷：实收资本(4001)　　　　　　　65 697

(4) 1月12日，人事部赵刚出差归来，报销差旅费8 000元，交回现金2 000元。

借：管理费用——差旅费(660202)　　8 000

　　库存现金(1001)　　　　　　　　2 000

　　贷：其他应收款——职工借款(122101)　10 000

(5) 1月18日，采购部杨磊购生产用主板30个，单价500元，材料直接入库，货款以银行存款支付，转账支票号为Z001。

借：原材料——生产用原材料(140301)　　　　　　15 000

　　应交税费——应交增值税——进项税额(22210101)　1 950

　　贷：银行存款——工行存款(100201)　　　　　　16 950

(6) 1月20日，生产部领用主板4个，单价500元，用于生产台式电脑。

借：生产成本——直接材料(500101)　　2 000

　　贷：原材料——生产用原材料(140301)　2 000

(7) 1月23日，采购部杨磊偿还益民公司前欠货款289 700元，以工行存款支付，转账支票号为Z002。

借：应付账款(2202)　　　　　289 700

　　贷：银行存款——工行存款(100201)　289 700

(8) 1月25日，销售给兴达公司台式电脑100台，货款300 000元，税款48 000元，已存入工行，转账支票号为002。

借：银行存款——工行存款(100201)　　　339 000

　　贷：主营业务收入(6001)　　　　　　　300 000

　　　　应交税费——应交增值税——销项税额(22210102)　39 000

实验步骤

1. 填制凭证(微课视频：WK14)

业务1：辅助核算——现金流量

(1) 以"002 梁红"的身份注册进入企业应用平台，登录日期为2019年1月31日，再进入总账系统。

WK14.flv

(2) 选择"凭证"|"填制凭证"命令，进入"填制凭证"窗口。

(3) 单击"增加"按钮或按 F5 键，出现空白凭证。

(4) 设置凭证类别为"付款凭证"，录入制单日期"2019-01-04"，录入附单据数"1"。

(5) 录入摘要"购买办公用品"，录入科目名称"6601"，借方金额"500"，按 Enter 键；摘要自动复制到下一行，录入科目名称"1001"，贷方金额"500"，如图 5-22 所示。

图 5-22　"填制凭证"窗口

(6) 单击"保存"按钮，系统自动打开"现金流量录入修改"对话框。在"项目编码"参照中，选择"经营活动"|"现金流出"|"支付的与其他经营活动有关的现金"项目，如图 5-23 所示，单击"确定"按钮返回。

(7) 单击"保存"按钮或按 F6 键，系统提示保存成功，单击"确定"按钮。

业务 2：辅助核算——银行科目

(1) 现金和银行存款科目均是现金流量辅助核算科目，但本业务属于现金各项目之间的增减变动，不影响现金流量的净额，因此，无须填写现金流量项目。

(2) 在填制凭证过程中，录完银行科目"100201"，弹出"辅助项"对话框。

(3) 录入结算方式"201"，票号"X001"，发生日期"2019-01-06"，如图 5-24 所示，单击"确定"按钮。

(4) 凭证录入完毕，系统弹出"此支票尚未登记，是否登记？"提示信息。

(5) 单击"是"按钮，弹出"票号登记"对话框。

图 5-23 "现金流量录入修改"对话框

图 5-24 "辅助项"对话框

(6) 录入领用日期"2019-01-06",领用部门"财务部",姓名"李波",限额 10 000,用途"备用金",如图 5-25 所示,单击"确定"按钮。

图 5-25 "票号登记"对话框

(7) 单击"保存"按钮,保存该凭证。

业务 3：辅助核算——外币科目

(1) 在填制凭证过程中，录完外币科目"100202"，外币金额"10 000"，系统自动显示外币汇率 6.5697 和本币金额 65 697。

(2) 凭证录入完毕，单击"保存"按钮，保存该凭证。

> 提示：该笔业务的现金流量项目为"筹资活动"|"现金流入"|"吸收投资所收到的现金"。

业务 4：辅助核算——部门核算、个人往来

(1) 在填制凭证过程中，录完个人往来科目"122101"，弹出"辅助项"对话框。

(2) 录入部门"人事部"，个人"赵刚"，发生日期"2019-01-12"，如图 5-26 所示，单击"确定"按钮。

(3) 凭证录入完毕后单击"保存"按钮，保存该凭证。

图 5-26　"辅助项"对话框

> 提示：该笔业务的现金流量项目为"经营活动"|"现金流入"|"收到的其他与经营活动有关的现金"。

业务 5：辅助核算——数量核算

(1) 在填制凭证过程中，录完数量科目"140301"，弹出"辅助项"对话框。

(2) 录入数量"30"，单价"500"，如图 5-27 所示，单击"确定"按钮。

图 5-27　"辅助项"对话框

(3) 凭证录入完毕后单击"保存"按钮，保存该凭证。

提示：该笔业务的现金流量项目为"经营活动"|"现金流出"|"购买商品、接受劳务支付的现金"。

业务6：辅助核算——项目核算

(1) 在填制凭证过程中，录完项目核算科目"500101"，弹出"辅助项"对话框。

(2) 录入项目名称"台式电脑"，如图5-28所示，单击"确定"按钮。

图5-28 "辅助项"对话框

(3) 凭证录入完毕后单击"保存"按钮，保存该凭证。

业务7：辅助核算——供应商往来

(1) 在填制凭证过程中，录完供应商往来科目"2202"，弹出"辅助项"对话框。

(2) 录入供应商"益民公司"，发生日期"2019-01-23"，如图5-29所示。

图5-29 "辅助项"对话框

(3) 凭证录入完毕后单击"保存"按钮，保存该凭证。

提示：该笔业务的现金流量项目为"经营活动"|"现金流出"|"购买商品、接受劳务支付的现金"。

业务8：录入相关信息

(1) 根据实验资料所给的经济业务内容依次录入凭证类别、日期、摘要、借贷方科目、金额。

(2) 录入完毕后单击"保存"按钮，系统提示保存成功。若凭证信息不完整或不符合要求，凭证不能保存，按系统提示改正后再次保存即可。

提示：该笔业务的现金流量项目为"经营活动"|"现金流入"|"销售商品、提供劳务收到的现金"。

【注意事项】

- 若凭证录入的日期在当前会计期间之前，则系统不允许输入；若凭证录入的日期在当前会计期间之后，系统允许输入，但在进行记账处理时，系统只对本期的凭证记账，对以后期间的凭证则不做处理。
- 不同行的摘要可以相同也可以不同，但不能为空。
- 领用支票要登记支票登记簿，收到支票不登记，报销时(即支票使用完毕后)再登记。填制凭证时，就等于报销了支票。
- 凭证一旦保存，其凭证类别、凭证编号将不能再修改。

2. 出纳签字(微课视频：WK15)

(1) 在企业应用平台中选择"重注册"命令，以"003 李波"的身份注册进入企业应用平台，登录日期为2019年1月31日，然后进入总账系统。

WK15.flv

(2) 选择"凭证"|"出纳签字"命令，打开"出纳签字"查询条件对话框。

(3) 录入查询条件：选中"全部"单选按钮，单击"确定"按钮。

(4) 在"出纳签字"凭证列表中双击要签字的凭证，相应凭证被显示出来。

(5) 对当前显示的凭证审查后，单击"签字"按钮，如图5-30所示，完成对该凭证的出纳签字。

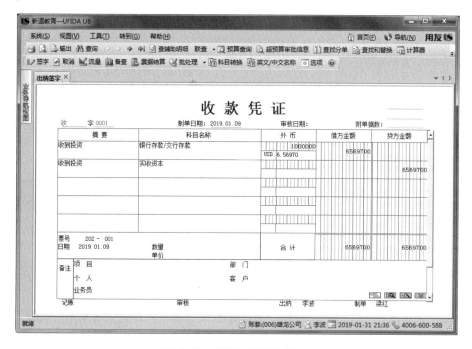

图5-30 "出纳签字"窗口

(6) 通过单击"上张""下张"按钮找到要签字的其他凭证，进行出纳签字。

(7) 完成出纳签字操作后退出。

3．审核凭证(微课视频：WK16)

(1) 以"001 刘杰"的身份重新注册进入企业应用平台，登录日期为 2019 年 1 月 31 日，再进入总账系统。

(2) 选择"凭证"|"审核凭证"命令，打开"审核凭证"查询条件对话框。

WK16.flv

(3) 录入查询条件，选中"全部"单选按钮，单击"确定"按钮。

(4) 在"审核凭证"凭证列表中双击要签字的凭证，相应凭证被显示出来。

(5) 对当前显示的凭证审查后，单击"审核"按钮，如图 5-31 所示，完成对该凭证的审核签字。

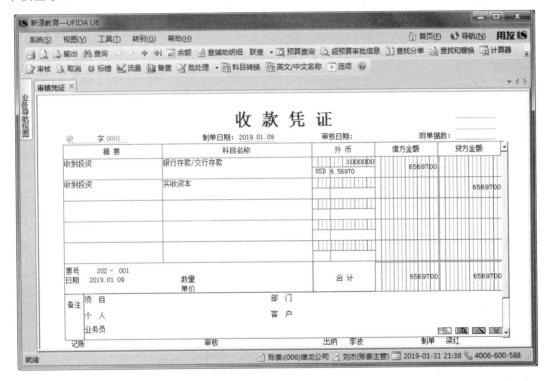

图 5-31 "审核凭证"窗口

(6) 通过单击"上张""下张"按钮找到要审核的其他凭证，进行审核签字。

(7) 完成审核操作后退出。

【注意事项】

- 凭证审核人和凭证制单人不能为同一人。
- 凭证一经出纳签字和审核，就不能被修改、删除，只有被取消出纳签字和审核后才可以进行修改或删除。
- 取消出纳签字和审核只能由出纳人和审核人自己操作。

- 作废凭证不能被审核，也不能被标错。
- 已标错的凭证不能被审核，若想审核，需先取消标错后才能审核。只有具有凭证审核权限的操作员才可以取消标错。

4．记账(微课视频：WK17)

WK17.flv

(1) 选择"凭证"｜"记账"命令，进入"记账"对话框。

(2) 录入本次记账范围或单击"全选"按钮，如图5-32所示。

图5-32 "记账"对话框

(3) 单击"记账"按钮，系统自动弹出"期初试算平衡表"对话框，如试算结果平衡，则单击"确定"按钮，系统开始记账。

(4) 系统提示记账完毕，并显示记账报告，单击"退出"按钮即可。

【注意事项】

- 未审核的凭证不能记账，但是作废凭证不需审核可直接记账。
- 在第一次记账时，若期初余额试算不平衡，系统将不允许记账。
- 每月记账的次数是任意的。
- 记账范围1～4或1、2、3、4代表凭证的号数，而不是张数。记账范围不写，则默认为与前面审核凭证一致。
- 上月未结账的，本月不能记账。
- 记账过程一旦出现断电、死机或其他原因造成异常中断，系统将自动调用"恢复记账前状态"功能恢复数据，然后重新执行记账功能。平时，用户可在总账管理系统选择"期末"｜"对账"命令，进入"对账"窗口，按Ctrl + H组合键，决定是否显示/隐藏菜单中的"恢复记账前状态"功能。

5. 冲销已记账凭证(微课视频：WK18)

(1) 以"002 梁红"的身份重新注册进入企业应用平台，登录日期为 2019 年 1 月 31 日，再进入总账系统。

(2) 选择"凭证"|"填制凭证"命令，进入"填制凭证"窗口。

(3) 选择"冲销凭证"命令，打开"冲销凭证"对话框。

(4) 录入要冲销凭证(第 1 笔经济业务对应的凭证)的所属月份、凭证类别和凭证号后确定，如图 5-33 所示。

WK18.flv

图 5-33 "冲销凭证"对话框

(5) 系统显示生成的红字冲销凭证，审查后单击"保存"按钮，保存红字冲销凭证后退出。

6. 恢复记账前状态(微课视频：WK19)

(1) 以"001 刘杰"的身份重新注册进入企业应用平台，登录日期为 2019 年 1 月 31 日，再进入总账系统。

(2) 选择"期末"|"对账"命令，进入"对账"对话框。

(3) 按 Ctrl + H 组合键，系统提示"恢复记账前状态功能已被激活"，如图 5-34 所示。

WK19.flv

图 5-34 激活恢复记账前状态功能

(4) 选择"凭证"|"恢复记账前状态"命令,打开"恢复记账前状态"对话框。

(5) 恢复方式选择"最近一次记账前状态"或"2019年01月初状态",如图5-35所示,单击"确定"按钮。

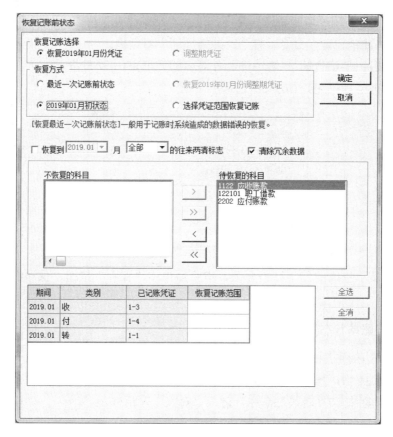

图5-35 "恢复记账前状态"对话框

(6) 录入主管口令(即账套主管001的口令)。

(7) 系统进行记账恢复,直到系统提示恢复完毕。

(8) 单击"确定"按钮返回。

7. 查询凭证(微课视频:WK20)

(1) 以"002 梁红"的身份重新注册进入企业应用平台,登录日期为2019年1月31日,再进入总账系统。

(2) 选择"凭证"|"查询凭证"命令,进入"凭证查询"窗口。

(3) 录入查询条件,选中"未记账凭证"单选按钮,单击"确定"按钮。

WK20.flv

(4) 在凭证列表中单击要查看的凭证,相应凭证被显示出来。

(5) 通过单击"上张""下张"按钮,翻看其他凭证,查询完毕后退出。

8．删除凭证(微课视频：WK21)

(1) 在"填制凭证"窗口找到要作废的凭证(第 1 笔经济业务生成的红字冲销凭证)并显示在当前窗口。

(2) 选择"作废"命令，当前凭证加上"作废"标记，表示该凭证已作废，如图 5-36 所示。

WK21.flv

图 5-36　"填制凭证"窗口

(3) 选择"整理凭证"命令，选择要整理的凭证期间"2019.01"，单击"确定"按钮，打开"作废凭证表"对话框。

(4) 选择要删除的作废凭证，该期间的作废凭证被删除，并对剩下凭证重新编号。

【注意事项】

- 未审核的凭证不能记账，但是作废凭证不需审核可直接记账。
- 作废凭证不能修改，不能审核。
- 在记账时，已作废的凭证应参与记账，否则月末无法结账，但不对作废凭证做数据处理，相当于一张空凭证。
- 如果没有对凭证断号进行整理，可在下次删除凭证时，重新整理凭证断号。或者也可在"设置/选项"窗口选中"自动填补凭证断号"复选框，下次填制凭证时，系统会自动填补凭证断号。

9．重新记账

重复实验步骤"4．记账"的过程，完成记账。

10. 账簿查询(微课视频：WK22)

(1) 以"002 梁红"的身份进入总账系统。

(2) 选择"账表"|"科目账"|"总账"命令，打开"总账查询条件"对话框，选择"原材料"科目，查看原材料总账；选中某条目单击"明细"按钮，联查原材料明细账；双击明细账记录，联查凭证。

(3) 选择"账表"|"科目账"|"余额表"命令，打开"发生额及余额查询条件"对话框，查看发生额及余额表。

(4) 选择"账表"|"客户往来辅助账"|"客户往来明细账"|"客户明细账"命令，选择客户(兴达公司)，查看客户明细账。

(5) 以"003 李波"的身份重新注册进入总账系统，选择"出纳"|"银行日记账"命令，选择"工行存款"和期间"2019.01"，查看银行日记账。

11. 账套备份

(1) 在硬盘上建立"实验三 总账管理系统日常处理"文件夹。

(2) 将账套数据备份输出至"实验三 总账管理系统日常处理"文件夹中。

WK22.flv

实验四　总账管理系统期末处理

实验目的

- 熟悉总账管理系统期末处理的主要内容。
- 掌握总账管理系统期末处理的操作方法。

实验内容

- 银行对账。
- 自动转账。
- 期末结账。

实验四　总账管理系统期末处理.ppt

实验准备

引入实验三的账套备份数据或在U盘上引入已备份的实验三的账套数据。

实验四账套.rar

实验要求

- 001(刘杰)负责审核凭证、记账、期末结账的操作。
- 002(梁红)负责自动转账的操作。
- 003(李波)负责银行对账的操作。

第五章 单项实验

实验资料

1．银行对账期初数据

雄龙公司银行对账的启用日期为 2019 年 1 月 1 日，工行人民币户企业日记账调整前余额为 500 000 元，银行对账单调整前余额为 485 000 元，未达账项一笔，属 2018 年 12 月 29 日银行已付企业未付款 15 000 元。

2．2019 年 1 月银行对账单

2019 年 1 月银行对账单如表 5-14 所示。

表 5-14 2019 年 1 月银行对账单 单位：元

日　期	结算方式	票　号	借方金额	贷方金额
2019.01.8	201	X001		10 000
2019.01.10				75 000
2019.01.25	202	Z001		52 650
2019.01.26	202	2002	234 000	
2019.01.27	202	002	339 000	

3．自动转账

(1) 将期间损益转入"本年利润"。

(2) 计算本月应缴纳的所得税。

借：所得税费用(6801)　　　QM(4103,月,贷)*0.25

　　贷：应交税费——应交所得税(222102)　　　JG()

(3) 结转本月"所得税费用"。

借：本年利润(4103)　　　JG()

　　贷：所得税费用(6801)　　　QM(4103,月,贷)*0.25

实验步骤

1．银行对账(微课视频：WK23)

(1) 以"003 李波"的身份注册进入企业应用平台，登录日期为 2019 年 1 月 31 日，再进入总账系统。

(2) 选择"出纳"|"银行对账"|"银行对账期初录入"命令，选择"工行存款"科目，进入"银行对账期初"对话框，根据实验资料"1．银行对账期初数据"录入银行对账期初数据，如图 5-37 所示。

(3) 选择"出纳"|"银行对账"|"银行对账单"命令，选择"工行存款"科目，进入"银行对账单"窗口，根据实验资料"2．2019 年 1 月银行对账单"录入 2019 年 1 月的银

WK23.flv

行对账单数据。

(4) 选择"出纳"|"银行对账"|"银行对账单"命令，选择"工行存款"科目，系统显示单位日记账记录和银行对账单记录。单击"对账"按钮，录入对账条件，由系统自动勾对，为已达账项的"两清"栏打上○标记，如图5-38所示；对于自动对账后还没有勾销的已达账项，可以进行手工勾销，手工对账的标志是在"两清"栏上打上Y标记。

图5-37 "银行对账期初"对话框

图5-38 "银行对账"窗口

(5) 选择"出纳"|"银行对账"|"余额调节表查询"命令，进入"银行存款余额调节表"窗口，双击"工行存款"科目，系统显示对账后的银行存款余额调节表。

(6) 选择"出纳"|"银行对账"|"核销银行账"命令，删除已两清的单位日记账记录和银行对账单记录。

2. 自动转账(微课视频：WK24)

(1) 以"002 梁红"的身份重新注册进入企业应用平台，登录日期为2019年1月31日，再进入总账系统。

(2) 选择"期末"|"转账定义"|"期间损益"命令，进入"期间

WK24.flv

损益结转设置"对话框,选择凭证类别和本年利润科目,单击"确定"按钮,如图 5-39 所示,完成期间损益转账定义。

图 5-39 "期间损益结转设置"对话框

(3) 选择"期末"|"转账生成"命令,进入"转账生成"对话框,选择"结转月份"和"期间损益结转"选项,单击"全选"按钮,如图 5-40 所示。

图 5-40 "转账生成"对话框

(4) 确定后即可生成所需的结转期间损益的转账凭证,保存后退出。

借:主营业务收入(6001)　　　　300 000
　　贷:本年利润(4103)　　　　　　　　291 500
　　　　销售费用(6601)　　　　　　　　　　500
　　　　管理费用——差旅费(660202)　　8 000

(5) 以"001 刘杰"的身份重新注册进入企业应用平台,登录日期为2019年1月31日,再进入总账系统,将期间损益结转生成的凭证审核并记账。

(6) 以"002 梁红"的身份重新注册进入企业应用平台,登录日期为2019年1月31日,再进入总账系统。

(7) 选择"期末"|"转账定义"|"自定义转账"命令,进入"自定义转账设置"窗口,单击"增加"按钮,打开"转账目录"对话框,输入转账序号、转账说明和凭证类别,如图5-41所示。

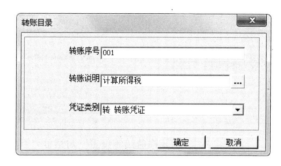

图5-41　"转账目录"对话框

(8) 单击"确定"按钮,在"自定义转账设置"窗口单击"增行"按钮,根据实验资料"3. 自动转账"定义"计算本月应缴纳的所得税"和"结转本月所得税费",如图5-42、图5-43所示。

图5-42　"自定义转账设置"窗口——计提所得税

(9) 选择"期末"|"转账生成"命令,进入"转账生成"对话框,设置"结转月份"并选中"自定义转账"单选按钮,对需要结转的转账凭证在"是否结转"栏上双击打上Y标记,如图5-44所示。

图 5-43 "自定义转账设置"窗口——结转所得税

图 5-44 "转账生成"对话框

(10) 确定后生成以下凭证,保存后返回。

借:所得税费用(6801)　　　　　　　　72 875
　　贷:应交税费——应交所得税(222102)　　72 875
借:本年利润(4103)　　72 875
　　贷:所得税费用(6801)　　72 875

(11) 以"001 刘杰"的身份重新注册进入企业应用平台,再进入总账系统,将计算本月应缴纳的所得税和结转本月所得税费用生成的凭证审核并记账。

(12) 选择"凭证"|"查询凭证"命令查询凭证,共计 11 张凭证,如图 5-45 所示,合计金额为 1 179 597。

【注意事项】

- 自动转账凭证每月只生成一次。
- 期末转账业务大多数都要从会计账簿中提取数据,这就要求在处理期末转账业务前必须将其他业务先登记入账。

- 有些期末转账业务必须依据另一些期末转账业务产生的数据，所以，在生成转账凭证时必须注意业务发生的先后次序，否则计算金额时就会发生差错。

图 5-45 "查询凭证列表"窗口

3. 期末结账(微课视频：WK25)

(1) 选择"期末"|"结账"命令，进入"结账"对话框。

(2) 选择 2019 年 1 月，单击"下一步"按钮。

(3) 单击"对账"按钮，系统进行结账前的对账工作。

(4) 对账完毕，单击"下一步"按钮。

(5) 查看月度报告如图 5-46 所示，正确后单击"下一步"按钮。

WK25.flv

图 5-46 "结账"对话框

(6) 单击"结账"按钮，完成结账。

【注意事项】

- 结账必须逐月进行，上月未结账，本月不能结账，但可以填制、审核凭证。
- 每月对账正确后，才能结账。
- 如果与其他系统联合使用，其他系统未全部结账，本系统不能结账。
- 已结账月份不能再填制凭证。
- 每月结账的次数只有一次。
- 在结账向导中，选择要取消结账的月份，按 Ctrl+Shift+F6 组合键可取消结账。
- 结账只能由有结账权限的操作员执行。

4．账套备份

(1) 在硬盘上建立"实验四 总账系统期末处理"文件夹。

(2) 将账套数据备份输出至"实验四 总账系统期末处理"文件夹中。

实验五　用友 UFO 报表管理

实验目的

- 熟悉用友 UFO 报表管理系统中自定义报表和利用报表模板生成报表的基本原理。
- 掌握自定义报表的编制方法及步骤。
- 掌握利用报表模板编制报表的方法及步骤。

实验内容

- 自定义一张报表。
- 利用报表模板生成报表。

实验五　UFO 报表管理系统.ppt

实验准备

引入实验四的账套备份数据或在 U 盘上引入已备份的实验四的账套数据。

实验五账套.rar

实验要求

001(刘杰)负责编制报表的操作。

实验资料

1．自定义一张货币资金表

自定义一张货币资金表，如图 5-15 所示。

表 5-15 货币资金表

编制单位：　　　　　　　　　　　　年　月　日　　　　　　　　　　　　单位：元

项　目	行　次	期　初　数	期　末　数
库存现金	1		
银行存款	2		
合　计	3		

制表人：

2. 生成资产负债表、利润表和现金流量表

利用报表模板生成资产负债表、利润表和现金流量表。

实验步骤

1. 自定义一张货币资金表

1) 设计货币资金表的格式(微课视频：WK26)

(1) 以"001 刘杰"的身份注册登录企业应用平台，登录日期为 2019 年 1 月 31 日，在"业务工作"选项卡中选择"财务会计"｜"UFO 报表"命令，进入报表管理系统。

(2) 选择"文件"｜"新建"命令，出现一张空白报表，进入格式设计状态。

WK26.flv

(3) 选择"格式"｜"表尺寸"命令，打开"表尺寸"对话框，录入行数"7"、列数"4"。

(4) 选择"格式"｜"行高"命令，打开"行高"对话框，设置合适的行高。

(5) 选择"格式"｜"列宽"命令，打开"列宽"对话框，设置合适的列宽。

(6) 选中区域 A3:D6，选择"格式"｜"区域画线"命令，打开"区域画线"对话框，设置表格线。

(7) 选中区域 A1:D1，选择"格式"｜"组合单元"命令，打开"组合单元"对话框，实现标题行单元格的组合。同理，定义 A2:D2 为组合单元。

(8) 录入货币资金表中的项目内容。

(9) 选择"格式"｜"单元属性"命令，设置单元格的类型、字体、字号、颜色、对齐方式、边框线等属性。

(10) 选择需放置"编制单位"的单元格，选择"数据"｜"关键字"｜"设置"命令，进入"设置关键字"对话框，设置关键字为"单位名称"，如图 5-47 所示。按照同样的方法设置"年""月"和"日"关键字，设置过关键字的单元将以红色显示。选择"数据"｜"关键字"｜"偏移"命令调整关键字到合适位置。

【注意事项】
- 建立新表后，将得到一张系统默认格式的空表，报表名默认为 report1.rep。
- 新报表建立后，默认的状态栏为格式状态。

- 设置关键字时，每次只能指定一种关键字。若本表中需要同时设置多种关键字，则需要不断地重复操作。
- 若想取消已设置的关键字，则需要选择"数据"|"关键字"|"取消"命令。
- 若设置的关键字重叠在一起，则需要选择"数据"|"关键字"|"偏移"命令调整其位置。偏移量设置为负数表示向左移，正数表示向右移。

图 5-47 "设置关键字"对话框

2) 设置货币资金表计算公式(微课视频：WK27)

(1) 直接输入公式。

① 选中"库存现金"行对应的"期初数"单元格 C4，选择"数据"|"编辑公式"|"单元公式"命令，打开"定义公式"对话框。

② 直接输入函数公式"QC ("1001",月)"，单击"确认"按钮。

WK27.flv

(2) 引导输入公式。

① 选中"银行存款"行对应的"期末数"单元格 D5，单击 fx 按钮，打开"定义公式"对话框。

② 单击"函数向导"按钮，打开"函数向导"对话框。

③ 在"函数分类"列表框中选择"用友账务函数"选项，在"函数名"列表中选择"期末(QM)"选项，单击"下一步"按钮，打开"用友账务函数"对话框。

④ 单击"参照"按钮，打开"账务函数"对话框，如图 5-48 所示，选择"1002 银行存款"科目，其余各项均采用系统默认值。

图 5-48 "账务函数"对话框

⑤ 参数设置完后单击"确定"按钮，返回"定义公式"对话框，单击"确认"按钮，单元格中显示"公式单元"字样，表示已经定义了"银行存款"本月数的计算公式，选中该单元格，可在编辑框中看到公式为"=QM("1002",月)"。

⑥ 同理，按照以上的操作步骤录入其他单元中的计算公式。

【注意事项】

在输入单元公式时，凡是涉及符号的均须输入英文半角字符，否则系统将认为公式输入错误而不能被保存。

3) 设置货币资金表审核公式

(1) 选择"数据"|"编辑公式"|"审核公式"命令，打开"审核公式"对话框。

(2) 录入审核关系，如图 5-49 所示。

图 5-49 "审核公式"对话框

(3) 单击"确定"按钮。

【注意事项】

审核公式在格式状态下编辑，在数据状态下执行审核公式。

4) 设置货币资金表舍位平衡公式

(1) 选择"数据"|"编辑公式"|"舍位公式"命令，打开"舍位平衡公式"对话框。

(2) 录入舍位表名"SW1"，舍位范围"C4:D6"，舍位位数"4"，平衡公式如图 5-50 所示。

图 5-50 "舍位平衡公式"对话框

(3) 单击"完成"按钮。

【注意事项】
- 每个公式一行，各公式之间用","(半角)隔开，最后一条公式不写逗号，否则公式无法执行。
- 等号左边只能为一个单元。
- 舍位公式中只能使用"+""-"符号，不能使用其他运算符及函数。

5) 保存货币资金表格式

选择"文件"|"另存为"命令，选择存储路径，修改文件名为"货币资金表.rep"，完成货币资金表格式的保存。

6) 生成2019年1月货币资金表数据并保存生成的货币资金表

(1) 选择"文件"|"打开"命令，选择已保存的"货币资金表.rep"文件。

(2) 在数据状态下，选择"编辑"|"追加"|"表页"命令，打开"追加表页"对话框，录入追加表页数量为"2"，单击"确认"按钮。

(3) 选择"数据"|"关键字"|"录入"命令，打开"录入关键字"对话框，如图 5-51 所示，录入单位名称为"雄龙公司"，年为"2019"，月为"1"，日为"31"，单击"确认"按钮，不重算第1页返回。

图 5-51 "录入关键字"对话框

(4) 选择"数据"|"表页重算"命令，单击"是"按钮，即可完成数据计算，显示计算结果，如图 5-52 所示。

(5) 选择"文件"|"另存为"命令，选择存储路径，修改文件名为"2019年1月货币资金表.rep"，完成货币资金表数据的保存。

7) 报表审核操作

在数据状态下，选择"数据"|"审核"命令，在状态栏提示"完全正确"。

8) 报表舍位操作

在数据状态下选择"数据"|"舍位平衡"命令，系统自动根据前面定义的舍位公式进行舍位操作；切换到格式状态下，将单位"元"改为"万元"，并将舍位后的报表保存在 SW1.rep 文件中，如图 5-53 所示。

图 5-52　生成的货币资金表

图 5-53　货币资金舍位平衡表

2. 利用报表模板生成 2019 年 1 月的资产负债表(微课视频：WK28)

(1) 选择"文件"|"新建"命令，出现一张空白报表，进入格式设计状态。

(2) 调用资产负债表模板。在格式状态下选择"格式"|"报表模板"命令，打开"报表模板"对话框，选择"2007 年新会计制度科目"的"资产负债表"选项，如图 5-54 所示，确认覆盖当前表格式，即可打开资产负债表模板。

(3) 生成资产负债表数据。在数据状态下选择"数据"|"关键字"

WK28.flv

|"录入"命令,打开"录入关键字"对话框,录入关键字:年为"2019",月为"01",日为"31",确认后重算第1页返回。

图 5-54 "报表模板"对话框

(4) 选择"文件"|"另存为"命令,选择存储路径,修改文件名为"2019年1月资产负债表.rep",完成资产负债表的保存。

3. 利用报表模板生成2019年1月的利润表(微课视频:WK29)

(1) 选择"文件"|"新建"命令,出现一张空白报表,进入格式设计状态。

(2) 调用利润表模板。在格式状态下选择"格式"|"报表模板"命令,打开"报表模板"对话框,选择"2007年新会计制度科目"的"利润表"选项,确认覆盖当前表格式。

WK29.flv

(3) 生成利润表数据。在数据状态下选择"数据"|"关键字"|"录入"命令,打开"录入关键字"对话框,录入关键字:年为"2019",月为"01",确认后重算第1页返回。

(4) 选择"文件"|"另存为"命令,选择存储路径,修改文件名为"2019年1月利润表.rep",完成利润表的保存。

4. 利用报表模板生成2019年1月的现金流量表(微课视频:WK30)

(1) 选择"文件"|"新建"命令,出现一张空白报表,进入格式设计状态。

(2) 调用现金流量表模板。在格式状态下选择"格式"|"报表模板"命令,打开"报表模板"对话框,选择 "2007年新会计制度科目"的"现金流量表"选项,确认覆盖当前表格式。

WK30.flv

(3) 调整报表模板。在格式状态下,引导输入方式调整报表公式。

① 选中C6单元,单击 fx 按钮,打开"定义公式"对话框。

② 单击"函数向导"按钮,打开"函数向导"对话框。

③ 在"函数分类"列表框中选择"用友账务函数"选项,在右侧的"函数名"列表框中选择"现金流量项目金额(XJLL)"选项,如图5-55所示,单击"下一步"按钮,打开"用友账务函数"对话框。

④ 单击"参照"按钮,打开"账务函数"对话框,如图5-56所示,单击"现金流量项目编码"右侧的"参照"按钮,打开"现金流量项目"对话框。

图 5-55 "函数向导"对话框

图 5-56 "账务函数"对话框

⑤ 双击选择与 C6 单元左侧相对应的项目,单击"确定"按钮,返回到"用友账务函数"对话框,单击"确定"按钮。

⑥ 返回"定义公式"对话框,如图 5-57 所示,单击"确认"按钮,单元格中显示"公式单元"字样。

图 5-57 "定义公式"对话框

⑦ 以此类推,录入其他单元公式后单击"保存"按钮,保存调整后的报表模板。

(4) 生成现金流量表数据。在数据状态下选择"数据"|"关键字"|"录入"命令,打

开"录入关键字"对话框,录入关键字:单位名称为"雄龙公司",年为"2019",月为"01",确认后重算第1页返回。

(5) 选择"文件"|"另存为"命令,选择存储路径,修改文件名为"2019年1月现金流量表.rep",完成现金流量表的保存。

实验六 薪资管理

实验目的

- 熟悉薪资管理系统的主要内容和操作流程。
- 掌握薪资管理系统初始设置、日常处理和期末处理的操作方法。

实验内容

- 薪资管理系统初始设置:建立工资账套、设置人员附加信息、设置工资项目、设置银行名称、建立工资类别、在编人员工资类别初始设置(包括打开工资类别、设置人员档案、选择工资项目、定义计算公式)。
- 薪资管理系统日常处理:工资数据录入、计算和汇总,个人所得税扣除基数设置,银行代发,工资分摊,工资账表和凭证查询。
- 薪资管理系统期末处理:月末处理。

实验六 薪资管理系统.ppt

实验六账套.rar

实验准备

- 引入实验二的账套备份数据或在U盘上引入已备份的实验二的账套数据。
- 启用薪资管理系统。

实验要求

001(刘杰)负责薪资管理系统的操作。

实验资料

1. 工资账套参数

工资类别为多个,核算币种为人民币,自动代扣个人所得税,不进行扣零处理,启用日期为2019年1月。

2．基础信息设置

1) 人员附加信息

人员附加信息为"学历"和"技术职称"。

2) 工资项目

工资项目如表5-16所示。

表5-16　工资项目

工资项目名称	类型	长度	小数	增减项	公　式
基本工资	数字	8	2	增项	
岗位工资	数字	8	2	增项	
绩效工资	数字	8	2	增项	IFF(人员类别="销售人员", 500, 200)
应发合计	数字	10	2	增项	
住房公积金	数字	8	2	减项	(基本工资+岗位工资)×0.08
缺勤扣款	数字	8	2	减项	(基本工资+岗位工资)/22×缺勤天数
扣款合计	数字	10	2	减项	
实发合计	数字	10	2	增项	
计税工资	数字	8	2	其他	基本工资+岗位工资+绩效工资-住房公积金-缺勤扣款
代扣税	数字	10	2	减项	
缺勤天数	数字	8	2	其他	

3) 银行名称

银行编码为01001，银行名称为"工商银行新建南路分理处"，默认个人账号为"定长"，账号长度为11位，自动带出的账号长度为8位。

4) 工资类别及工资项目

工资类别为在编人员和非编人员，并且在编人员分布于各个部门，而非编人员只属于生产部。

5) 在编人员档案

在编人员档案如表5-17所示。

表5-17　在编人员档案

薪资部门名称	人员编号	人员姓名	学　历	人员类别	账　号	技术职称
人事部	101	赵刚	研究生	企业管理人员	14011854601	高级经济师
财务部	201	刘杰	研究生	企业管理人员	14011854602	高级会计师
财务部	202	梁红	本科	企业管理人员	14011854603	会计师
财务部	203	李波	本科	企业管理人员	14011854604	助理会计师
采购部	301	杨磊	专科	采购人员	14011854605	

续表

薪资部门名称	人员编号	人员姓名	学 历	人员类别	账 号	技术职称
销售一部	401	刘佳	专科	销售人员	14011854606	
销售二部	402	李丽	专科	销售人员	14011854607	
生产部	501	郭涛	专科	生产人员	14011854608	

3．个人所得税扣除基数

个人所得税应按计税工资扣除 5 000 元后计税，个人所得税税率表如表 5-18 所示。

表 5-18 个人所得税税率表

级 数	全月应纳税所得额	税率(3%)	速算扣除数
1	不超过 3 000 元的	3	0
2	超过 3 000 元至 12 000 元的部分	10	210
3	超过 12 000 元至 25 000 元的部分	20	1410
4	超过 25 000 元至 35 000 元的部分	25	2660
5	超过 35 000 元至 55 000 元的部分	30	4410
6	超过 55 000 元至 80 000 元的部分	35	7160
7	超过 80 000 元的部分	45	15160

4．2019 年 1 月工资数据

2019 年 1 月工资数据如表 5-19 所示。

表 5-19 2019 年 1 月工资数据

人员编码	人员姓名	基本工资	岗位工资	缺勤天数
101	赵刚	7 000	2 000	
201	刘杰	6 000	1 700	
202	梁红	5 000	1 500	
203	李波	5 000	1 500	3
301	杨磊	4 000	1500	
401	刘佳	4 000	1 500	
402	李丽	4 000	1500	2
501	郭涛	4 000	1 500	

5．工资分摊

按工资总额的 2% 计提工会经费，按工资总额的 2.5% 计提职工教育经费。
工资分摊情况如表 5-20 所示。

表 5-20 工资分摊

计提类型	部门名称	人员类别	工资项目	借方项目大类	借方项目	借方科目	贷方科目
应付工资	人事部 财务部	企业管理人员	应发合计			660203	221101
	采购部	采购人员	应发合计			660203	221101
	销售一部 销售二部	销售人员	应发合计			6601	221101
	生产部	生产人员	应发合计	生产成本	台式电脑	500102	221101
工会经费	人事部 财务部	企业管理人员	应发合计			660203	221102
	采购部	采购人员	应发合计			660203	221102
	销售一部 销售二部	销售人员	应发合计			6601	221102
	生产部	生产人员	应发合计	生产成本	台式电脑	500102	221102
职工教育经费	人事部 财务部	企业管理人员	应发合计			660203	221103
	采购部	采购人员	应发合计			660203	221103
	销售一部 销售二部	销售人员	应发合计			6601	221103
	生产部	生产人员	应发合计	生产成本	台式电脑	500102	221103

实验步骤

1. 建立工资账套(微课视频：WK31)

(1) 以账套主管"001 刘杰"的身份注册进入企业应用平台，启用薪资管理系统，启用日期为 2019 年 1 月 1 日。

(2) 在企业应用平台的"业务工作"选项卡中，选择"人力资源"|"薪资管理"命令，打开"建立工资套"对话框，根据实验资料"1. 工资账套参数"设置工资账套参数，如图 5-58 所示。

2. 人员附加信息设置

(1) 选择"设置"|"人员附加信息设置"命令，打开"人员附加信息设置"对话框。

(2) 单击"增加"按钮，根据实验资料"2. 基础信息设置—1)"，从"栏目参照"下拉列表框中选择"学历"附加信息项，单击"增加"按钮。同理，增加"技术职称"附加信息项，如图 5-59 所示。

(3) 单击"确定"按钮返回。

WK31.flv

图 5-58 "建立工资套"对话框

图 5-59 "人员附加信息设置"对话框

3．工资项目设置(微课视频：WK32)

(1) 选择"设置"|"工资项目设置"命令，打开"工资项目设置"对话框。

(2) 在已有工资项目基础上，单击"增加"按钮，根据实验资料"2.基础信息设置—2)"增加工资项目，从"名称参照"下拉列表框中选择给出的工资项目，否则增加需要的工资项目即可，如图 5-60 所示。

(3) 单击"确定"按钮返回。

4．银行名称设置(微课视频：WK33)

(1) 在企业应用平台中的"基础设置"选项卡中，选择"基础档案"|"收付结算"|"银行档案"命令，打开"银行档案"对话框，单击"增加"按钮，打开"增加银行档案"对话框。

(2) 根据实验资料"2. 基础信息设置—3)"设置银行名称等有关内容，如图 5-61 所示，

WK32.flv

WK33.flv

单击"保存"按钮。

(3) 单击"退出"按钮返回。

图 5-60 "工资项目设置"对话框

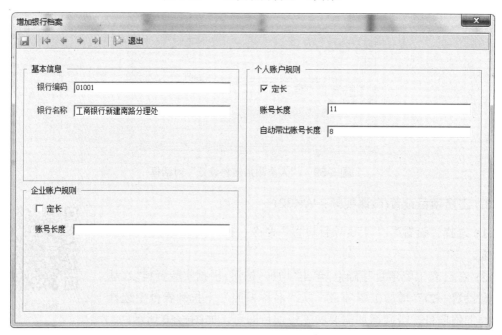

图 5-61 "增加银行档案"对话框

5. 建立工资类别(微课视频：WK34)

(1) 在薪资管理系统中选择"工资类别"|"新建工资类别"命令，打开"新建工资类别"对话框。

(2) 录入工资类别名称"在编人员"，单击"选定全部部门"按钮，如图 5-62 所示，确定工资类别的启用日期为"2019-01-01"。

WK34.flv

(3) 选择"工资类别"|"关闭工资类别"命令,关闭"在编人员"工资类别。

(4) 选择"工资类别"|"新建工资类别"命令,打开"新建工资类别"对话框,录入工资类别名称"非编人员",只选择生产部,并确定工资类别的启用日期为"2019-01-01"。

6. 在编人员工资类别初始设置

1) 打开工资类别

选择"工资类别"|"打开工资类别"命令,打开"打开工资类别"对话框,选中"在编人员"单选按钮,单击"确定"按钮。

图 5-62 "新建工资类别"对话框

2) 设置人员档案(微课视频:WK35)

选择"设置"|"人员档案"命令,进入"人员档案"窗口,单击"批增"按钮,打开"人员批量增加"对话框,选择"人事部""财务部""采购部""销售部""生产部",单击"查询"按钮,系统显示在企业应用平台中已经增加的人员档案,且默认是选中状态,如图 5-63 所示。单击"确定"按钮返回。

WK35.flv

图 5-63 "人员批量增加"对话框

【注意事项】

只有人员档案设置完成后，才能对工资项目及工资计算公式进行定义。

3) 选择工资项目(微课视频：WK36)

选择"设置"|"工资项目设置"命令，打开"工资项目设置"对话框，单击"增加"按钮，根据实验资料"2．基础信息设置—2)"，从"名称参照"下拉列表框中选择工资项目。设置后通过单击"上移""下移"按钮调整工资项目的先后位置，全部设置好后，单击"确定"按钮返回。

WK36.flv

4) 定义计算公式(微课视频：WK37)

在"工资项目设置"对话框中切换到"公式设置"选项卡，单击"工资项目"的"增加"按钮，根据实验资料"2．基础信息设置—2)"依次录入"绩效工资"。"住房公积金"和"缺勤扣款"的计算公式如图 5-64 所示，全部设置好后单击"确定"按钮返回。

WK37.flv

图 5-64　"工资项目设置"对话框

7．设置所得税纳税基数(微课视频：WK38)

(1) 选择"设置"|"选项"命令，打开"选项"对话框。

(2) 单击"编辑"按钮，切换到"扣税设置"选项卡，选择个人所得税申报表中"收入额合计数"项所对应的工资项目为"计税工资"，如图 5-65 所示。

WK38.flv

(3) 单击"税率设置"按钮，进入"个人所得税申报表——税率表"窗口，设置所得税纳税基数为 5 000，并参考表 5-18 修改个人所得税税率表，完成后单击"确定"按钮。

(4) 在"选项"对话框中单击"确定"按钮。

图 5-65 "选项"对话框

8．工资数据录入、计算和汇总(微课视频：WK39)

(1) 以"001 刘杰"的身份注册进入企业应用平台，登录日期为 2019 年 1 月 31 日，再进入薪资管理系统。

(2) 选择"业务处理"|"工资变动"命令，根据实验资料"4. 2019 年 1 月工资数据"录入 2019 年 1 月份每个人的工资数据。

(3) 全部录入完毕后单击"计算"按钮，系统根据工资项目计算公式完成各个工资项目数据的计算，如图 5-66 所示。

WK39.flv

图 5-66 "工资变动"窗口

(4) 通过检查确认工资数据正确后，单击"汇总"按钮。

(5) 单击"退出"按钮返回。

9. 银行代发(微课视频：WK40)

(1) 选择"业务处理"|"银行代发"命令，打开"请选择部门范围"对话框。

(2) 单击"确定"按钮，打开"银行文件格式设置"对话框。

(3) 从"银行模板"中选择"工商银行新建南路分理处"，单击"确定"按钮，系统弹出"确认设置的银行文件格式？"，再单击"是"按钮，系统显示"银行代发一览表"信息，可输出到文件或打印后送到银行，由银行将工资转到个人账户。

WK40.flv

WK41.flv

10. 工资分摊(微课视频：WK41)

(1) 选择"工资类别"|"打开工资类别"命令，打开"打开工资类别"对话框，选择"在编人员"工资类别。

(2) 选择"业务处理"|"工资分摊"命令，打开"工资分摊"对话框。

(3) 单击"工资分摊设置"按钮，打开"分摊类型设置"对话框。

(4) 单击"增加"按钮，打开"分摊计提比例设置"对话框，录入计提类型名称"应付工资"，分摊计提比例"100%"，如图 5-67 所示。

图 5-67 "分摊计提比例设置"对话框

(5) 单击"下一步"按钮，进入"分摊构成设置"对话框，如图 5-68 所示，依据实验资料"5．工资分摊"的应付工资分摊信息完成分摊设置，完成后返回。

(6) 继续单击"增加"按钮，根据实验资料"5．工资分摊"，分别定义工会经费(比例2%)和职工教育经费(比例2.5%)两种分摊计提项目。

(7) 在"工资分摊"对话框中选择以上三种计提费用类型，确定计提月份为"2019-1"，选择所有部门，选中"明细到工资项目"和"按项目核算"复选框，如图 5-69 所示。

(8) 单击"确定"按钮，打开"应付工资一览表"对话框。

(9) 选中"合并科目相同、辅助项相同的分录"复选框，单击"制单"按钮，系统生成应付工资分摊的记账凭证，单击"保存"按钮，自动传递到总账系统。

图 5-68 "分摊构成设置"对话框

图 5-69 "工资分摊"对话框

(10) 同理,生成工会经费和职工教育经费分摊的记账凭证并保存。

① 应付工资。

借:管理费用——工资(660203)　　　　　9 200
　　管理费用——工资(660203)　　　　　21 300
　　管理费用——工资(660203)　　　　　5 700
　　销售费用(6601)　　　　　　　　　　12 000
　　生产成本——直接人工(500102)　　　5 700
　　贷:应付职工薪酬——工资(221101)　　　　　53 900

② 工会经费。

借:管理费用——工资(660203)　　　　　184
　　管理费用——工资(660203)　　　　　426
　　管理费用——工资(660203)　　　　　114
　　销售费用(6601)　　　　　　　　　　240
　　生产成本——直接人工(500102)　　　114
　　贷:应付职工薪酬——工会经费(221102)　　　　　1 078

③ 职工教育经费。

借：管理费用——工资(660203)　　　　　　　230
　　管理费用——工资(660203)　　　　　　　532.5
　　管理费用——工资(660203)　　　　　　　142.5
　　销售费用(6601)　　　　　　　　　　　　300
　　生产成本——直接人工(500102)　　　　　142.5
　　贷：应付职工薪酬——职工教育经费(221103)　1 347.5

【注意事项】

薪资管理系统生成的凭证自动传递到总账管理系统，在总账管理系统中可执行审核和记账的操作。但凭证的修改和删除只能在薪资管理系统中进行。

11. 工资账表和凭证查询

(1) 选择"工资类别"|"打开工资类别"命令，打开"打开工资类别"对话框，选择"在编人员"工资类别。

(2) 选择"统计分析"|"账表"|"工资表"命令，打开"工资表"对话框，可查看多种工资账表；选择"统计分析"|"账表"|"工资分析表"命令，打开"工资分析表"对话框，可查看多种工资数据分析表。

(3) 选择"统计分析"|"凭证查询"命令，打开"凭证查询"对话框，查看生成的记账凭证，如图 5-70 所示。

图 5-70　"凭证查询"对话框

12. 月末处理

(1) 选择"工资类别"|"打开工资类别"命令，打开"打开工资类别"对话框，选择"在编人员"工资类别。

(2) 选择"业务处理"|"月末处理"命令，单击"确定"按钮，继续进行月末处理。

(3) 选择清零项目：绩效工资、缺勤扣款、缺勤天数，单击"确定"按钮。

(4) 系统提示"月末处理完毕"，确定后返回。

【注意事项】

- 如果是多个工资类别，则应打开工资类别，分别进行月末处理。
- 月末处理功能只有账套主管人员才能执行。
- 如总账管理系统已结账，则薪资管理系统不允许反结账。

13. 账套备份

(1) 在硬盘建立"实验六 薪资管理"文件夹。

(2) 将账套数据备份输出至"实验六 薪资管理"文件夹中。

实验七　固定资产管理

实验目的

- 熟悉固定资产管理系统的主要内容和操作流程。
- 掌握固定资产管理系统初始设置、日常处理和期末处理的操作方法。

实验内容

- 固定资产管理系统初始设置：设置固定资产账套参数、设置资产类别、设置增减方式、设置部门对应折旧科目、录入原始卡片。
- 固定资产管理系统日常处理：增加固定资产、资产评估、折旧处理、减少固定资产、资产变动、账表查询。
- 固定资产管理系统期末处理：批量制单、对账、结账。

实验七　固定资产管理系统.ppt

实验七账套.rar

实验准备

- 引入实验二的账套备份数据或在 U 盘上引入已备份的实验二的账套数据。
- 启用固定资产管理系统。

实验要求

002(梁红)负责固定资产管理的操作。

实验资料

1. 固定资产账套参数

固定资产账套的启用月份为"2019 年 1 月"，采用"平均年限法(一)"计提折旧，折旧汇总分配周期为 1 个月。当(月初已计提月份=可使用月份-1)时将剩余折旧全部提足，固定资产编码方式为"21120000",固定资产编码方式采用按"类别编号+部门编号+序号"自动编码,序号长度为3,要求固定资产与总账对账,固定资产对账科目为"1601",累计折旧对账科目为"1602",对账不平衡的情况下不允许固定资产月末结账。

2. 固定资产账套参数补充设置

业务发生后不立即制单,固定资产缺省入账科目:1601;累计折旧缺省入账科目:1602;减值准备缺省入账科目:1603;增值税进项税额缺省入账科目:22210101;固定资产清理缺省入账科目:1606。

3. 固定资产类别

固定资产类别如表5-21所示。

表5-21 固定资产类别

类别编码	类别名称	净残值率(%)	计提属性	卡片样式
01	房屋及建筑物	4		通用样式
011	生产用房屋及建筑物	4	正常计提	通用样式
012	非生产用房屋及建筑物	4	正常计提	通用样式
02	机器设备	4		通用样式
021	生产用机器设备	4	正常计提	通用样式
022	非生产用机器设备	4	正常计提	通用样式

4. 固定资产增减方式对应入账科目

固定资产增减方式对应入账科目如表5-22所示。

表5-22 固定资产增减方式对应入账科目

增减方式	对应入账科目
直接购入	银行存款(100201)
投资者投入	实收资本(4001)
盘盈	以前年度损益调整(6901)
毁损	固定资产清理(1606)
盘亏	待处理财产损溢/待处理固定资产损溢(190102)

5. 部门对应折旧科目

部门对应折旧科目如表5-23所示。

6. 固定资产原始卡片

固定资产原始卡片如表5-24所示。

表 5-23 部门对应折旧科目

部门名称	折旧科目
人事部、财务部、采购部	管理费用/折旧费(660204)
销售一部、销售二部	销售费用(6601)
生产部	制造费用(5101)

表 5-24 固定资产原始卡片

固定资产名称	办公楼	生产线	办公电脑
类别编号	011	021	022
使用部门	人事部	生产部	财务部
增加方式	直接购入	直接购入	直接购入
使用状况	在用	在用	在用
使用年限/年	30	10	5
折旧方法	平均年限法(一)	平均年限法(一)	平均年限法(一)
开始使用日期	2017.12.01	2017.12.01	2017.12.01
原值	200 000	140 000	10 000
净残值率(%)	4	4	4
累计折旧	6 400	13 440	1 920
对应折旧科目	660204	5101	660204

7．新增固定资产

2019 年 1 月 5 日，为财务部购买电脑一台，原值为 8 000 元，预计使用年限为 4 年，净残率为 4%。

8．资产评估

2019 年 1 月 10 日，对人事部办公楼进行资产评估，评估结果为原值 300 000 元，累计折旧 15 000 元。

9．计提折旧

2019 年 1 月 31 日，计提本月固定资产折旧。

10．资产减少

2019 年 1 月 31 日，财务部毁损电脑一台。

11．资产变动

2019 年 2 月 3 日，生产部的生产线添置新配件 30 000 元。

实验步骤

1. 设置固定资产账套参数

(1) 以账套主管"001 刘杰"的身份注册登录企业应用平台,启用固定资产管理系统,启用日期为 2019 年 1 月 1 日。

(2) 以"002 梁红"的身份重新注册进入企业应用平台,登录日期为 2019 年 1 月 1 日,在"业务工作"选项卡中选择"财务会计"|"固定资产"命令,系统弹出"是否进行初始化?"提示信息,单击"是"按钮,打开"初始化账套向导"对话框。

(3) 根据实验资料"1. 固定资产账套参数"依次确定固定资产账套参数。

(4) 当系统提示已完成时,如图 5-71 所示,单击"完成"按钮,确定并保存账套参数设置。

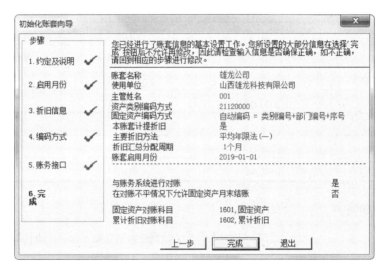

图 5-71 "初始化账套向导"对话框

【注意事项】

资产类别编码方式设定以后,一旦某一级设置了类别,则该级的长度不能修改;每一个账套资产的自动编码方式只能选择一种,一经设定,该自动编码方式也不能修改。

2. 固定资产账套参数补充设置

(1) 选择"设置"|"选项"命令,进入"选项"窗口。

(2) 单击"编辑"按钮,打开"与账务系统接口"选项卡,选择缺省入账科目"固定资产(1601)""累计折旧(1602)"等,单击"确定"按钮。

3. 设置资产类别(微课视频:WK42)

(1) 在固定资产系统中选择"设置"|"资产类别"命令,进入"固定资产分类编码表"窗口。

(2) 单击"增加"按钮,根据实验资料"3. 固定资产类别"设置

WK42.flv

"房屋及建筑物"的类别信息，如图5-72所示。

图5-72 "资产类别"窗口

(3) 设置后单击"保存"按钮，根据实验资料"3．固定资产类别"，再增加其他的资产类别。

(4) 全部设置完成后，单击"退出"按钮返回。

4．设置增减方式

(1) 在固定资产系统中选择"设置"|"增减方式"命令，进入"增减方式"窗口，系统显示固定资产的各种增减方式。

(2) 选择某一固定资产增加(或减少)方式，单击"修改"按钮，根据实验资料"4．固定资产增减方式对应入账科目"设置"直接购入"方式的对应入账科目。

(3) 设置后单击"保存"按钮，根据实验资料"4．固定资产增减方式对应入账科目"，再选择其他方式依次设置。

(4) 全部设置完成后单击"退出"按钮返回。

5．设置部门对应折旧科目

(1) 在固定资产系统中选择"设置"|"部门对应折旧科目"命令，进入"部门编码目录"窗口。

(2) 选择某一部门，单击"修改"按钮，根据实验资料"5．部门对应折旧科目"设置"人事部"对应的折旧科目。

(3) 设置后单击"保存"按钮，根据"5．部门对应折旧科目"，再选择其他部门依次设置。

(4) 全部设置完成后单击"退出"按钮返回。

6. 录入原始卡片(微课视频：WK43)

(1) 选择"卡片"|"录入原始卡片"命令，进入"固定资产类别档案"窗口。

(2) 选择资产类别"生产用房屋及建筑物(011)"，单击"确定"按钮，进入"固定资产卡片"窗口。

WK43.flv

(3) 根据实验资料"6.固定资产原始卡片"，录入固定资产"办公楼"的相关信息。

(4) 录入完毕如图 5-73 所示，单击"保存"按钮。

图 5-73　"固定资产卡片"窗口

(5) 同理，依次录入"生产线"和"办公电脑"原始卡片。

(6) 全部录入完成后单击"退出"按钮返回。

【注意事项】

固定资产卡片录入完成后进行对账查看是否平衡，如图 5-74 所示，如需修改和删除，选择"卡片"|"卡片管理"命令。在"卡片管理"窗口进行修改和删除的操作。

7. 增加固定资产(微课视频：WK44)

图 5-74　期初对账结果

(1) 以"002 梁红"的身份重新注册登录固定资产系统，登录日期为 2019 年 1 月 5 日。

(2) 选择"卡片"|"资产增加"命令，进入"固定资产类别档案"窗口。

(3) 选择资产类别"非生产用机器设备(022)"，单击"确定"按钮，进入"固定资产卡片"窗口。

WK44.flv

(4) 根据实验资料"7. 新增固定资产",录入新增固定资产"办公电脑"的相关信息。

(5) 录入完毕,单击"保存"按钮。

(6) 保存成功后单击"退出"按钮返回。

【注意事项】

- 新卡片第一个月不提折旧,累计折旧为空或 0。
- 卡片录入完成后可以不立即制单,月末进行批量制单。

8. 资产评估(微课视频:WK45)

(1) 以"002 梁红"的身份重新注册登录固定资产系统,登录日期为 2019 年 1 月 10 日。

(2) 选择"卡片"|"资产评估"命令,进入"资产评估"窗口。

(3) 单击"增加"按钮,打开"评估资产选择"对话框。

(4) 选择可评估项目"原值"和"累计折旧",单击"确定"按钮。

(5) 在"资产评估"窗口,选择要评估资产"办公楼"的卡片编号,根据实验资料"8. 资产评估"录入评估后的数据,如图 5-75 所示。

(6) 单击"保存"按钮,系统提示"是否确认要进行资产评估?",单击"是"按钮,系统提示"数据成功保存!"。

图 5-75 "资产评估"窗口

(7) 单击"确定"按钮返回。

9. 折旧处理(微课视频:WK46)

(1) 以"002 梁红"的身份重新注册登录固定资产系统,登录日期为 2019 年 1 月 31 日。

(2) 选择"处理"|"计提本月折旧"命令,系统弹出"是否要查看折旧清单?",单击"否"按钮。

(3) 根据系统提示计提折旧后,进入"折旧分配表"窗口,如图 5-76 所示。

(4) 单击"退出"按钮返回。

图 5-76 "折旧分配表"窗口

【注意事项】

- 该功能在一个期间内可以多次计提折旧。每次计提折旧后,系统只是将计提的折旧累加到月初的累计折旧,不会重复累计。
- 如果上次计提折旧已制单并将数据传递到总账系统,则必须删除该凭证才能重新计提折旧。
- 若计提折旧后又对账套进行了影响折旧计算或分配的操作,必须重新计提折旧,否则系统不允许结账。

10．减少固定资产(微课视频：WK47)

(1) 选择"卡片"|"资产减少"命令,进入"资产减少"窗口。

(2) 根据实验资料"10．资产减少",选择卡片编号"00003",单击"增加"按钮。

(3) 设置减少方式为"毁损",单击"确定"按钮,系统提示卡片减少成功。

WK47.flv

(4) 单击"确定"按钮返回。

11．账表查询

(1) 选择"账表"|"我的账表"命令,进入"固定资产报表"窗口。

(2) 单击"折旧表",选择"固定资产折旧清单表"选项,打开"条件——固定资产折旧清单表"对话框,选择期间"2019.10",单击"确定"按钮,即可看到固定资产折旧信息。

12．批量制单(微课视频：WK48)

(1) 选择"处理"|"批量制单"命令,进入"批量制单"窗口。

(2) 在"制单选择"选项卡中,单击"全选"按钮或双击"选择"栏,选中要制单的业务。

WK48.flv

(3) 切换到"制单设置"选项卡，单击"凭证"按钮，系统进入"填制凭证"窗口。
(4) 选择相应的凭证类别，并修改其他项目，单击"保存"按钮，生成以下凭证。

① 直接购入资产。

借：固定资产(1601)　　　　　8 000
　　贷：银行存款(100201)　　　　8 000

② 评估资产。

借：固定资产(1601)　　　　　100 000
　　贷：累计折旧(1602)　　　　　　8 600
　　　　资本公积——投资评估增值(400201)　91 400

③ 计提第[10]期间折旧。

借：制造费用(5101)　　　　　1 120
　　管理费用——折旧费(660204)　540
　　管理费用——折旧费(660204)　160
　　贷：累计折旧(1602)　　　　　1 820

④ 资产减少。

借：累计折旧(1602)　　　　　2 080
　　固定资产清理(1606)　　　　7 920
　　贷：固定资产(1601)　　　　　10 000

(5) 保存成功后单击"退出"按钮返回。

13. 对账

(1) 选择"处理"|"对账"命令，系统给出与账务系统对账结果：平衡，如图 5-77 所示。

图 5-77　期末对账结果

(2) 以"003 李波"的身份重新注册进入企业应用平台，登录日期为 2019 年 1 月 31 日，启用总账系统，对付款凭证进行出纳签字。

(3) 以"001 刘杰"的身份重新注册进入企业应用平台，登录日期为 2019 年 1 月 31 日，启用总账系统，对前面已生成的凭证审核并记账。

(4) 以"002 梁红"的身份重新注册进入企业应用平台，登录日期为 2019 年 1 月 31 日，

进入固定资产系统,重新选择"处理"|"对账"命令,系统显示对账结果平衡。

(5) 单击"确定"按钮返回。

14. 结账

(1) 选择"处理"|"月末结账"命令,打开"月末结账"对话框。

(2) 单击"开始结账"按钮,系统开始结账。

(3) 系统给出结账后的提示信息,确定后返回,完成结账。

【注意事项】

- 如果在初始设置时,选择了"与账务系统对账"功能,则对账的操作不限制执行时间,任何时候都可以进行对账。
- 在总账管理系统未进行月末结账时,可以选择"处理"|"恢复月末结账前状态"命令完成恢复结账前状态的操作。

15. 资产变动(微课视频:WK49)

WK49.flv

(1) 以"002 梁红"的身份重新注册进入企业应用平台,登录日期为2019年2月3日,选择"卡片"|"变动单"|"原值增加"命令,进入"固定资产变动单"窗口。

(2) 根据实验资料"11. 资产变动",选择卡片编号"00002",录入增加金额 30 000 元,录入变动原因"添置新配件",如图 5-78 所示,单击"保存"按钮。

图 5-78 "固定资产变动单"窗口

(3) 保存变动单后,单击"退出"按钮返回。

【注意事项】

- 变动单不能修改,只有当月可删除重做,所以请仔细检查后再保存。
- 原值减少时必须保证变动后的净值大于等于变动后的净残值。

- 用友软件固定资产管理系统中，本月录入的卡片和本月增加的资产不允许进行变动处理，只能在下月处理。

16．账套备份

(1) 在硬盘建立"实验七 固定资产管理"文件夹。

(2) 将账套数据备份输出至"实验七 固定资产管理"文件夹中。

实验八　供应链管理系统初始设置

实验目的

- 熟悉供应链管理系统初始设置的主要内容和操作流程。
- 掌握供应链管理系统初始设置的操作方法。

实验内容

- 供应链管理系统建账。
- 基础信息设置。
- 业务科目设置。
- 期初数据录入。

实验八　供应链管理系统初始设置.ppt

实验准备

- 引入实验二的账套备份数据或在U盘上引入已备份的实验二的账套数据。
- 启用采购管理、销售管理、库存管理、存货核算、应收款管理、应付款管理系统。

实验八账套.rar

实验要求

账套主管001(刘杰)负责供应链管理系统初始设置的操作。

实验资料

1．供应链各系统参数

1) 采购管理系统

专用发票默认税率：13%。

2) 销售管理系统

是否有委托代销业务：选中；是否销售生成出库单：选中；报价是否含税：不选；新

增发货单默认：参照订单；新增退货单默认：参照发货；新增发票默认：参照发货；其他参数采用系统默认设置。

3) 库存管理系统

自动带出单价的单据：盘点单；按仓库控制盘点参数：选中；是否允许超预计可用量出库：选中；其他参数采用系统默认设置。

4) 存货核算系统

暂估方式：月初回冲；销售成本核算方式：销售出库单；委托代销成本核算方式：按发出商品核算；其他参数采用系统默认设置。

2．基础档案信息

1) 存货分类

存货分类如表5-25所示。

表5-25　存货分类

存货分类编码	存货分类名称
01	原材料
02	产成品
03	配件
04	应税劳务

2) 计量单位组

计量单位组如表5-26所示。

表5-26　计量单位组

计量单位组编码	计量单位组名称	计量单位组类别
01	无换算关系	无换算率

3) 计量单位

计量单位如表5-27所示。

表5-27　计量单位

计量单位编码	计量单位名称	所属计量单位组类别
01	个	无换算率
02	盒	无换算率
03	只	无换算率
04	台	无换算率
05	千米	无换算率

4) 存货档案

存货档案如表5-28所示。

表 5-28 存货档案

存货编码	存货名称	所属类别	主计量单位	税率(%)	存货属性
01	主板	01	个	13	外购、生产耗用、内销
02	硬盘	01	盒	13	外购、生产耗用、内销
03	19寸显示器	01	台	13	外购、生产耗用、内销
04	键盘	01	只	13	外购、生产耗用、内销
05	台式电脑	02	台	13	自制、内销
06	笔记本电脑	02	台	13	外购、内销
07	扫描仪	03	台	13	外购、内销
08	运输费	04	千米	9	内销、外购、应税劳务

5) 仓库档案

仓库档案如表 5-29 所示。

表 5-29 仓库档案

仓库编码	仓库名称	计价方式
01	原料库	移动平均法
02	成品库	移动平均法
03	配件库	全月平均法

6) 收发类别

收发类别如表 5-30 所示。

表 5-30 收发类别

收发类别编码	收发类别名称
1	采购入库
2	暂估入库
3	产成品入库
4	调拨入库
5	盘盈入库
6	销售出库
7	领料出库
8	调拨出库
9	盘亏出库

7) 采购类型

采购类型如表 5-31 所示。

8) 销售类型

销售类型如表 5-32 所示。

表 5-31 采购类型

采购类型编码	采购类型名称	入库类别	是否默认值
1	普通采购	采购入库	是

表 5-32 销售类型

销售类型编码	销售类型名称	出库类别	是否默认值
1	经销	销售出库	是
2	代销	销售出库	否

9) 开户银行

开户银行如表 5-33 所示。

表 5-33 开户银行

编码	开户银行	银行账号	币种	所属银行编码
01	工商银行太原市新建南路分理处	050215670549	人民币	01
02	交通银行太原市平阳路分理处	041163508042	美元	00003

3. 业务科目设置

1) 根据存货分类设置存货科目

根据存货分类设置存货科目，如表 5-34 所示。

表 5-34 存货科目

存货分类	存货科目
原材料	生产用原材料(140301)
产成品	库存商品(1405)
配件	库存商品(1405)

2) 根据收发类别设置存货的对方科目

根据收发类别设置存货的对方科目，如表 5-35 所示。

表 5-35 存货的对方科目

收发分类	对方科目
采购入库	在途物资(1402)
暂估入库	应付账款(2202)
产成品入库	生产成本/直接材料(500101)
盘盈入库	待处理流动资产损溢(190101)
销售出库	主营业务成本(6401)
领料出库	生产成本/直接材料(500101)

3) 设置应收款管理系统中的常用科目

(1) 设置应收款管理系统的账套参数。

将坏账处理方式设置为"应收余额百分比法"。

(2) 基本科目设置。

基本科目如表5-36所示。

表5-36 基本科目

基本科目	对应科目
应收科目	应收账款(1122)
销售收入科目	主营业务收入(6001)
税金科目	应交税费/应交增值税/销项税额(22210102)
销售退回科目	主营业务收入(6001)

(3) 结算方式科目设置。

结算方式科目如表5-37所示。

表5-37 结算方式科目

结算方式名称	本单位账号	对应科目
现金结算	050215670549	库存现金(1001)
现金支票	050215670549	工行存款(100201)
转账支票	050215670549	工行存款(100201)

(4) 坏账准备设置。

提取比例：0.5%；期初余额：5 000；坏账准备科目：坏账准备(1231)；对方科目：资产减值损失(6701)。

4) 设置应付款管理系统中的常用科目

(1) 基本科目设置。

基本科目如表5-38所示。

表5-38 基本科目

基本科目	对应科目
应付科目	应付账款(2202)
采购科目	在途物资(1402)
税金科目	应交税费/应交增值税/进项税额(22210101)

(2) 结算方式科目设置。

结算科目如表5-39所示。

4．期初数据

1) 采购管理系统期初数据

2018年12月24日，收到益民公司提供的主板40个，单价500元，商品已验收并送入原料库,至今未收到发票。

表 5-39 结算科目

结算方式名称	本单位账号	对应科目
现金结算	050215670549	库存现金(1001)
现金支票	050215670549	工行存款(100201)
转账支票	050215670549	工行存款(100201)

2) 销售管理系统期初数据

2018 年 12 月 26 日,销售一部向兴达公司出售台式电脑 30 台,报价 4 000 元,由成品库发货,该发货单尚未开票。

3) 库存和存货核算系统期初数据

各仓库期初数据如表 5-40 所示。

表 5-40 各仓库期初数据

仓库名称	存货名称	数 量	结存单价
原料库	主板	300	450
	硬盘	500	230
成品库	台式电脑	200	3 500
配件库	扫描仪	100	1 000

4) 应收款管理系统期初数据(以应收单形式录入)

应收账款期初余额如表 5-41 所示。

表 5-41 应收账款期初余额

日 期	客 户	摘 要	方 向	金 额
2018.12.20	兴达公司	销售商品	借	500 000

5) 应付款管理系统期初数据(以应付单形式录入)

应付账款期初余额如表 5-42 所示。

表 5-42 应付账款期初余额

日 期	供应商	摘 要	方 向	金 额
2018.12.28	益民公司	购货款	贷	289 700

实验步骤

1. 设置供应链管理各系统参数

(1) 以账套主管"001 刘杰"的身份注册登录企业应用平台,启用采购管理、销售管理、库存管理、存货核算、应收款管理、应付款管理系统,启用日期为 2019 年 1 月 1 日。

(2) 选择"供应链"|"采购管理"|"设置"|"采购选项"命令，进入"采购系统选项设置"对话框，根据实验资料"1. 供应链各系统参数—1)"设置采购管理系统参数，如图 5-79 所示。

图 5-79 "采购系统选项设置"对话框

(3) 选择"供应链"|"销售管理"|"设置"|"销售选项"命令，进入"销售选项"对话框，根据实验资料"1. 供应链各系统参数—2)"设置销售管理系统参数，如图 5-80 所示。

图 5-80 "销售选项"对话框

(4) 选择"供应链"|"库存管理"|"初始设置"|"选项"命令，进入"库存选项设置"对

话框，根据实验资料"1．供应链各系统参数—3)"设置库存管理系统参数，如图 5-81 所示。

图 5-81　"库存选项设置"对话框

(5) 选择"供应链"|"存货核算"|"初始设置"|"选项"|"选项录入"命令，进入"选项录入"对话框，根据实验资料"1．供应链各系统参数—4)"设置存货核算系统参数，如图 5-82 所示。

图 5-82　"选项录入"对话框

2. 基础信息设置

(1) 在企业应用平台的"基础设置"选项卡中选择"基础档案"|"存货"命令，根据实验资料"2. 基础档案信息"设置基础存货信息。

(2) 在企业应用平台的"基础设置"选项卡中选择"基础档案"|"业务"命令，根据实验资料"2. 基础档案信息"设置基础业务信息。

3. 业务科目设置

1) 设置存货科目和对方科目

(1) 在存货核算系统选择"初始设置"|"科目设置"|"存货科目"命令，进入"存货科目"窗口。

(2) 单击"增加"按钮，根据实验资料"3. 业务科目设置—1)"设置存货科目，如图 5-83 所示。

图 5-83 "存货科目"窗口

(3) 选择"初始设置"|"科目设置"|"对方科目"命令，进入"对方科目"窗口。

(4) 单击"增加"按钮，根据实验资料"3. 业务科目设置—2)"设置存货对方科目，如图 5-84 所示。

图 5-84 "对方科目"窗口

2) 设置应收系统科目(微课视频：WK50)

(1) 在应收款管理系统选择"设置"|"选项"命令，打开"账套参数设置"对话框。

(2) 单击"编辑"按钮，根据实验资料"3. 业务科目设置—3)"设置坏账处理方式。

(3) 选择"设置"|"初始设置"命令，进入"初始设置"窗口。

WK50.flv

(4) 根据实验资料"3．业务科目设置—3)"设置基本科目、结算方式科目和坏账准备，如图5-85所示。

图5-85 "初始设置"窗口

3) 设置应付系统科目(微课视频：WK51)

(1) 在应付款管理系统选择"设置"|"初始设置"命令，进入"初始设置"窗口。

(2) 根据实验资料"3．业务科目设置—4)"设置基本科目和结算方式科目。

WK51.flv

4．采购管理系统期初数据录入(微课视频：WK52)

(1) 在采购管理系统选择"采购入库"|"采购入库单"命令，进入"期初采购入库单"窗口。

(2) 单击"增加"按钮，根据实验资料"4．期初数据—1)"录入入库日期"2018-12-24"，选择仓库"原料库"，供货单位"益民公司"，部门"采购部"。

WK52.flv

(3) 选择存货编码"01"，录入数量"40"，本币单价"500"，保存后退出，如图5-86所示。

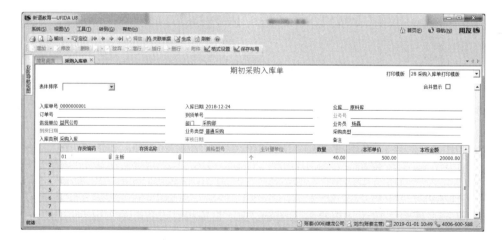

图5-86 "采购入库单"窗口

(4) 选择 "设置" | "采购期初记账" 命令，打开 "期初记账" 对话框。

(5) 单击 "记账" 按钮，系统弹出 "期初记账完毕！"，确定后返回，如图 5-87 所示。

图 5-87　"期初记账" 对话框

【注意事项】

- 本系统只录入期初记账前的期初采购入库单，即期初货到、票未到的暂估入库业务，期初记账后，日常采购入库单需要在库存管理系统中录入。
- 本系统只录入期初记账前的期初采购发票，即期初票到、货未到的在途存货业务，期初记账后，录入的则为本期业务。
- 采购管理系统期初数据录入之后，必须进行期初记账，否则日常业务处理无法进行。如果没有期初数据，也要进行期初记账。
- 如果采购管理系统不执行期初记账，则库存管理系统和存货核算系统不能记账。

5. **销售管理系统期初数据录入(微课视频：WK53)**

WK53.flv

(1) 在销售管理系统选择 "设置" | "期初录入" | "期初发货单" 命令，进入 "期初发货单" 窗口。

(2) 单击 "增加" 按钮，根据实验资料 "4. 期初数据—2)" 录入发货日期 "2018-12-26"，选择销售类型 "经销"，客户简称 "兴达公司"，销售部门 "销售一部"。

(3) 选择仓库 "成品库"，存货 "台式电脑"，录入数量 "30"，报价 "4000"，保存后单击 "审核" 按钮，审核发货单，如图 5-88 所示。

图 5-88　"期初发货单" 窗口

6．库存管理系统期初数据录入(微课视频：WK54)

(1) 在库存管理系统选择"初始设置"|"期初结存"命令，进入"库存期初数据录入"窗口。

(2) 根据实验资料"4．期初数据—3)"，选择仓库"原料库"，单击"修改"按钮，选择存货编码"01"，录入数量"300"，单价"450"，单击"保存"按钮；再单击"审核"或"批审"按钮，确认该仓库录入的存货信息。

WK54.flv

(3) 同理，选择其他仓库，录入各仓库期初数据，保存并审核，结果如图 5-89 所示。

图 5-89 "库存期初数据录入"窗口

7．存货核算系统期初数据录入(微课视频：WK55)

(1) 在存货核算系统选择"初始设置"|"期初数据"|"期初余额"命令，进入"期初余额"窗口。

(2) 根据实验资料"4．期初数据—3)"，选择仓库"原料库"，单击"取数"按钮，系统自动从库存管理系统取出该仓库的全部存货信息。

WK55.flv

(3) 同理，对其他仓库进行取数操作，如图 5-90 所示。

图 5-90 "期初余额"窗口

(4) 单击"对账"按钮,选择所有仓库,系统自动将存货核算系统与库存管理系统的存货数据进行核对,如图5-91所示。

图 5-91 "存货核算"对话框

(5) 对账成功后单击"记账"按钮,完成期初记账工作。

8. 应收款管理系统期初数据录入(微课视频:WK56)

(1) 在应收款管理系统选择"设置"|"期初余额"命令,打开"期初余额——查询"对话框。

(2) 单击"确定"按钮,进入"期初余额明细表"窗口。

(3) 单击"增加"按钮,打开"单据类别"对话框,选择单据名称"应收单",单击"确定"按钮。

WK56.flv

(4) 根据实验资料"4. 期初数据—4)"录入期初应收单,保存后退出,如图5-92所示。

图 5-92 "单据录入"窗口

(5) 单击"对账"按钮,与总账管理系统进行对账。

【注意事项】

应收款管理系统期初数据录入后必须执行对账,以确保应收款管理系统与总账管理系统的期初余额相等。

9. 应付款管理系统期初数据录入(微课视频：WK57)

(1) 在应付款管理系统选择"设置"|"期初余额"命令，打开"期初余额——查询"对话框。

(2) 单击"确定"按钮，进入"期初余额明细表"窗口。

(3) 单击"增加"按钮，打开"单据类别"对话框，选择单据名称"应付单"，单击"确定"按钮。

(4) 根据实验资料"4．期初数据—5)"录入期初应付单，保存后退出。

(5) 单击"对账"按钮，与总账管理系统进行对账。

【注意事项】

应付款管理系统期初数据录入后必须执行对账，以确保应付款管理系统与总账管理系统的期初余额相等。

10．账套备份

(1) 在硬盘建立"实验八 供应链管理系统初始设置"文件夹。

(2) 将账套数据备份输出至"实验八 供应链管理系统初始设置"文件夹中。

实验九　采　购　管　理

实验目的

- 熟悉采购管理系统的主要内容和操作流程。
- 掌握日常采购业务的操作方法。

实验内容

- 采购入库业务。
- 采购退货业务。
- 月末结账。

实验九　采购管理系统.ppt

实验准备

- 引入实验八的账套备份数据或在U盘上引入已备份的实验八的账套数据。
- 设置采购专用发票的发票号"完全手工编号"。

实验九账套.rar

实验要求

- 001(刘杰)设置采购专用发票的发票号进行"完全手工编号"的操作。
- 004(杨磊)负责采购管理的操作。

第五章 单项实验

实验资料

1．业务1

(1) 2019年1月3日，业务员杨磊向上级主管提出请购要求，请购19英寸显示器50台，单价1 200元，供应商为万邦公司，业务员据此填制请购单，需求日期为2019年1月6日。

(2) 2019年1月4日，上级主管同意向万邦公司订购19英寸显示器50台，单价1 200元，要求到货日期为2019年1月6日。

(3) 2019年1月6日，收到所订购的19英寸显示器50台，填制到货单。

(4) 2019年1月6日，将所收到的货物验收入原料库，同时收到该笔货物的专用发票一张，票号为8604，采购部将发票交给财务部，财务部确认此业务所涉及的应付账款和采购成本。

(5) 财务部开出转账支票一张，支票号为Z001，结清货款。

2．业务2

2019年1月9日，向益民公司购买键盘400只，单价60元，验收入原料库，同时收到专用发票一张，票号为6623，立即以转账支票(支票号Z002)形式支付货款，记材料明细账，确定采购成本，进行付款处理。

3．业务3

2019年1月12日，向万邦公司购买硬盘200盒，单价250元，验收入原料库，同时收到专用发票一张，票号为6624。另外，在采购过程中，发生了一笔运输费200元，税率为10%，收到相应的运费发票一张，票号8801，确定采购成本及应付账款，记材料明细账。

4．业务4

2019年1月15日，收到益民公司提供的上月已验收入库的40个主板的专用发票一张，票号为8899，发票单价为520元，进行暂估报销处理，确定采购成本及应付账款。

5．业务5

2019年1月20日，发现从益民公司购买的键盘有质量问题，退回10只，单价60元，同时收到票号为6628的红字专用发票一张，并收到益民公司交来转账支票(支票号Z003)用以结清退货款，对红字采购入库单和红字采购发票进行结算处理，财务部冲销此业务所涉及的应付账款和采购成本。

实验步骤

1. 设置采购专用发票的发票号"完全手工编号"(微课视频：WK58)

(1) 以账套主管"001刘杰"的身份注册登录企业应用平台，选择"基础设置"|"单据设置"|"单据编号设置"命令，打开"单据编号设置"对话框。

WK58.flv

(2) 选择"单据类型"|"采购管理"|"采购专用发票"选项,单击"修改"按钮,选中"完全手工编号"复选框,单击"保存"按钮。

(3) 同理,设置运费发票的发票号为"完全手工编号",如图5-93所示。

图 5-93 "单据编号设置"对话框

2. 业务1

业务类型:单货同到业务

1) 在采购管理系统中填制并审核采购请购单(微课视频:WK59)

(1) 以"004 杨磊"的身份注册进入企业应用平台,登录日期为2019年1月6日,在采购管理系统中选择"请购"|"请购单"命令,进入"采购请购单"窗口。

WK59.flv

(2) 单击"增加"按钮,根据实验资料"1. 业务1"录入日期"2019-01-03",选择请购部门"采购部"、请购人员"杨磊"。

(3) 选择存货"03 19英寸显示器",录入数量"50",本币单价"1200",需求日期"2019-01-06",供应商"万邦公司"。

(4) 单击"保存"按钮,检查无误后单击"审核"按钮,如图5-94所示。

(5) 单击"关闭"按钮,退出"采购请购单"窗口。

2) 在采购管理系统中填制并审核采购订单(微课视频:WK60)

(1) 选择"采购订货"|"采购订单"命令,进入"采购订单"窗口。

WK60.flv

(2) 单击"增加"按钮,修改订单日期为"2019-01-04",单击"生单"按钮,选择"请购单"选项,打开"采购请购单列表过滤"对话框,单击"过滤"按钮,进入"订单拷贝请购单列表"窗口。

(3) 选择要参照的采购请购单,单击"确定"按钮,则系统根据采购请购单自动填充采购订单相关信息，选择供应商"万邦公司"。

图 5-94 "采购请购单"窗口

(4) 单击"保存"按钮，检查无误后单击"审核"按钮，如图 5-95 所示。

图 5-95 "采购订单"窗口

(5) 单击"关闭"按钮，退出"采购订单"窗口。

3) 在采购管理系统中填制并审核到货单(微课视频：WK61)

(1) 选择"采购到货"|"到货单"命令，进入"到货单"窗口。

(2) 单击"增加"按钮，单击"生单"按钮，选择"采购订单"选项，打开"采购订单列表过滤"对话框，单击"过滤"按钮，进入"到货单拷贝订单列表"窗口。

(3) 选择要参照的采购订单，单击"确定"按钮，则系统根据采购订单自动填充采购到货单相关信息，选择部门"采购部"。

(4) 单击"保存"按钮，检查无误后单击"审核"按钮，如图 5-96 所示。

WK61.flv

图 5-96 "到货单"窗口

(5) 单击"关闭"按钮,退出"到货单"窗口。

4) 在库存管理系统中填制并审核采购入库单(微课视频:WK62)

(1) 在库存管理系统中选择"入库业务"|"采购入库单"命令,进入"采购入库单"窗口。

(2) 单击"生单"按钮,选择"采购到货单(蓝字)"选项,打开"采购到货单列表"对话框。

WK62.flv

(3) 单击"过滤"按钮,进入"到货单生单列表"窗口,选择要参照的到货单,单击"确定"按钮,则系统根据采购到货单自动填充采购入库单相关信息,选择仓库"原料库",如图 5-97 所示。

图 5-97 "采购入库单"窗口

(4) 单击"保存"按钮,检查无误后单击"审核"按钮,系统将弹出审核成功的提示信息。

(5) 单击"关闭"按钮,退出"采购入库单"窗口。

5) 在采购管理系统中填制采购发票(微课视频:WK63)

(1) 在采购管理系统中选择"采购发票"|"专用采购发票"命令,进入"专用发票"窗口。

(2) 单击"增加"按钮,单击"生单"按钮,选择"入库单"选项,打开"采购入库单列表过滤"对话框,单击"过滤"按钮,进入"发票拷贝入库单列表"窗口。

(3) 选择要参照的采购入库单,单击"确定"按钮,则系统根据采购入库单自动填充采购专用发票相关信息,录入发票号"8604",如图5-98所示。

WK63.flv

图5-98 "专用发票"窗口

(4) 单击"保存"按钮,退出"专用发票"窗口。

6) 在采购管理系统中采购自动结算(微课视频:WK64)

(1) 在采购管理系统中选择"采购结算"|"自动结算"命令,打开"采购自动结算"对话框。

(2) 结算模式选择"入库单和发票",如图5-99所示,单击"过滤方案"按钮,系统提示"全部成功!"。

WK64.flv

(3) 单击"确定"按钮返回。

7) 在存货核算系统中记账并生成入库凭证(微课视频:WK65)

(1) 在存货核算系统中选择"业务核算"|"正常单据记账"命令,打开"过滤条件选择"对话框。

(2) 单击"过滤方案"按钮,进入"正常单据记账列表"窗口,如图5-100所示。

WK65.flv

图 5-99 "查询条件选择"对话框

图 5-100 "正常单据记账列表"窗口

(3) 选择要记账的单据,单击"记账"按钮,退出"正常单据记账列表"窗口。

(4) 选择"财务核算"|"生成凭证"命令,进入"生成凭证"窗口。

(5) 单击工具栏上的"选择"按钮,打开"查询条件"对话框。

(6) 单击"确定"按钮,进入"未生成凭证单据一览表"窗口。

(7) 选择要制单的记录行,单击"确定"按钮,进入"生成凭证"窗口,如图 5-101 所示。

(8) 选择凭证类别"转账凭证",单击"生成"按钮,进入"填制凭证"窗口。

(9) 单击"保存"按钮,生成以下入库凭证。

借:原材料——生产用原材料(140301)　　　60 000
　　贷:在途物资(1402)　　　　　　　　　　　　60 000

图 5-101 "生成凭证"窗口

8) 在应付款管理系统中审核采购专用发票并生成应付凭证(微课视频：WK66)

(1) 以"001 刘杰"的身份注册进入企业应用平台，登录日期为 2019 年 1 月 6 日，在应付款管理系统中选择"应付单据处理"|"应付单据审核"命令，打开"应付单过滤条件"对话框。

WK66.flv

(2) 单击"确定"按钮，进入"应付单据列表"窗口。

(3) 选中待审核的发票，单击"审核"按钮，系统完成审核并给出审核报告，单击"确定"按钮返回，如图 5-102 所示。

图 5-102 "应付单据列表"窗口

(4) 选择"制单处理"命令，打开"制单查询"对话框，如图 5-103 所示，选中"发票制单"复选框，单击"确定"按钮，进入"采购发票制单"窗口。

(5) 选择凭证类别"转账凭证"，单击"全选"按钮或在要选择单据的"选择标志"栏中录入"1"，单击"制单"按钮，进入"填制凭证"窗口。

图 5-103 "制单查询"对话框

(6) 单击"保存"按钮,生成以下凭证。

借:在途物资(1402)　　　　　　　　　　　　　　　　60 000
　　应交税费——应交增值税——进项税额(22210101)　　7 800
　　　贷:应付账款(2202)　　　　　　　　　　　　　　67 800

9) 在应付款管理系统中付款处理并生成付款凭证(微课视频:WK67)

(1) 在应付款管理系统中选择"付款单据处理"|"付款单据录入"命令,进入"付款单"窗口。

(2) 单击"增加"按钮,选择供应商"万邦公司",结算方式"转账支票",金额"67 800",票据号"Z001",保存后,如图 5-104 所示,单击"审核"按钮,系统提示"是否立即制单?",单击"是"按钮,进入"填制凭证"窗口。

WK67.flv

图 5-104 "付款单"窗口

(3) 选择凭证类别"付款凭证",单击"保存"按钮,生成以下付款凭证。

借:应付账款(2202)　　　　　　　　　　　　　67 800
　　贷:银行存款——工行存款(100201)　　　　　67 800

【注意事项】
- 采购结算后,采购入库单和采购发票不能修改和删除,要修改或删除,必须先取消采购结算。
- 取消采购结算的方法是在"结算单列表"窗口,单击"删除"按钮。
- 在应付款管理系统可以采用"立即制单"的方式生成凭证,也可以通过"制单处理"菜单进行批量制单。

3. 业务2

业务类型:现付业务

1) 在库存管理系统中填制并审核采购入库单

(1) 以"004 杨磊"的身份注册进入企业应用平台,登录日期为2019年1月9日,在库存管理系统中选择"入库业务"|"采购入库单"命令,进入"采购入库单"窗口。

(2) 单击"增加"按钮,根据实验资料"2.业务2",选择仓库"原料库",供货单位"益民公司",入库类别"采购入库",存货"04 键盘",录入数量"400",本币单价"60"。

(3) 单击"保存"按钮,再单击"审核"按钮,系统提示审核成功,单击"确定"按钮返回。

2) 在采购管理系统中录入采购专用发票进行现结处理和采购结算(微课视频:WK68)

WK68.flv

(1) 在采购管理系统中选择"采购发票"|"专用采购发票"命令,进入"专用发票"窗口。

(2) 单击"增加"按钮,单击"生单"按钮,选择"入库单"选项,打开"采购入库单列表过滤"对话框,单击"过滤"按钮,进入"发票拷贝入库单列表"窗口。

(3) 选择要参照的采购入库单,单击"确定"按钮,则系统根据采购入库单自动填充采购专用发票相关信息,录入发票号"6623"。

(4) 单击"保存"按钮,单击"现付"按钮,打开"采购现付"对话框。

(5) 选择结算方式"转账支票",录入原币金额"27120",支票号"Z002",如图5-105所示,单击"确定"按钮,发票左上角显示"已现付"字样。

(6) 单击"结算"按钮,发票左上角显示"已结算"字样。

3) 在存货核算系统中记账并生成入库凭证

操作步骤参见业务1—7),生成以下入库凭证。

借:原材料——生产用原材料(140301)　　　　　24 000
　　贷:在途物资(1402)　　　　　　　　　　　　24 000

图 5-105 "采购现付"对话框

4) 在应付款管理系统中审核发票并现结制单

(1) 以"001 刘杰"的身份注册进入企业应用平台,登录日期为 2019 年 1 月 9 日,在应付款管理系统中选择"应付单据处理"|"应付单据审核"命令,打开"应付单过滤条件"对话框。

(2) 选中"包含已现结发票"复选框,单击"确定"按钮,进入"应付单据列表"窗口。

(3) 选中待审核的发票,单击"审核"按钮,系统完成审核并给出审核报告,单击"确定"按钮返回。

(4) 选择"制单处理"命令,打开"制单查询"对话框,选中"现结制单"复选框,单击"确定"按钮,进入"应付制单"窗口。

(5) 选择凭证类别"付款凭证",单击"全选"按钮或在要选择单据的"选择标志"栏中录入"1",单击"制单"按钮,进入"填制凭证"窗口。

(6) 单击"保存"按钮,生成以下付款凭证。

借:在途物资(1402)　　　　　　　　　　　　　　　　24 000
　　应交税费——应交增值税——进项税额(22210101)　　3 120
　　贷:银行存款——工行存款(100201)　　　　　　　　27 120

4. 业务 3

业务类型:采购运费业务

1) 在库存管理系统中填制并审核采购入库单

(1) 以"004 杨磊"的身份注册进入企业应用平台,登录日期为 2019 年 1 月 12 日,在库存管理系统中选择"入库业务"|"采购入库单"命令,进入"采购入库单"窗口。

(2) 单击"增加"按钮,根据实验资料"3. 业务 3",选择仓库"原料库",供货单位"万邦公司",入库类别"采购入库",存货"02 硬盘",录入数量"200",本币单价"250"。

(3) 单击"保存"按钮,再单击"审核"按钮,系统提示审核成功,单击"确定"按钮返回。

2) 在采购管理系统中填制采购发票

(1) 在采购管理系统中选择"采购发票"|"专用采购发票"命令,进入"专用发票"窗口。

(2) 单击"增加"按钮,单击"生单"按钮,选择"入库单"选项,打开"采购入库单列表过滤"对话框,单击"过滤"按钮,进入"发票拷贝入库单列表"窗口。

(3) 选择要参照的采购入库单,单击"确定"按钮,则系统根据采购入库单自动填充采购专用发票相关信息,录入发票号"6624"。

(4) 单击"保存"按钮,退出"专用发票"窗口。

3) 在采购管理系统中填制采购运费发票

(1) 在采购管理系统中选择"采购发票"|"运费发票"命令,进入"运费发票"窗口。

(2) 单击"增加"按钮,录入发票号"8801",供货单位"万邦公司",存货"08 运输费",金额"200"。

(3) 单击"保存"按钮,退出"运费发票"窗口。

4) 在采购管理系统中采购手工结算(微课视频:WK69)

(1) 在采购管理系统中选择"采购结算"|"手工结算"命令,打开"采购手工结算"对话框。

(2) 单击"选单"按钮,打开"结算选单"窗口,单击"查询"按钮,打开"查询条件选择"对话框,单击"确定"按钮,在弹出的结算选单中,上方显示采购专用发票和运费发票,下方显示采购入库单,如图 5-106 所示。

WK69.flv

图 5-106 "结算选单"窗口

(3) 选择要结算的入库单、运费发票和采购专用发票,单击"确定"按钮返回"手工结算"窗口,如图 5-107 所示。

图 5-107 "手工结算"窗口

(4) 选择费用分摊方式为"按数量",单击"分摊"按钮,系统弹出关于分摊方式确认的信息提示对话框,单击"是"按钮确认。

(5) 单击"结算"按钮,系统提示"完成结算!",单击"确定"按钮返回。

5) 在存货核算系统中记账并生成入库凭证

操作步骤参见业务 1—7),生成以下入库凭证。

借:原材料——生产用原材料(140301)　　　　　50 182
　　贷:在途物资(1402)　　　　　　　　　　　　50 182

6) 在应付款管理系统中审核采购专用发票并合并生成应付凭证

(1) 以"001 刘杰"的身份注册进入企业应用平台,登录日期为 2019 年 1 月 12 日,在应付款管理系统中选择"应付单据处理"|"应付单据审核"命令,打开"应付单过滤条件"对话框。

(2) 单击"确定"按钮,进入"应付单据列表"窗口。

(3) 选中待审核的发票,单击"审核"按钮,系统完成审核并给出审核报告,单击"确定"按钮返回。

(4) 选择"制单处理"命令,打开"制单查询"对话框,选中"发票制单"复选框,单击"确定"按钮,进入"制单"窗口。

(5) 选择凭证类别"转账凭证",单击"全选"按钮,再单击"合并"按钮,如图 5-108 所示。

(6) 单击"制单"按钮,进入"填制凭证"窗口,单击"保存"按钮,生成以下凭证。

借:在途物资(1402)　　　　　　　　　　　　　　　　　50 182
　　应交税费——应交增值税——进项税额(22210101)　　6 518
　　贷:应付账款(2202)　　　　　　　　　　　　　　　　56 700

图 5-108 "采购发票制单"窗口

5．业务 4

业务类型：暂估业务

1) 在采购管理系统中填制采购发票

(1) 以"004 杨磊"的身份注册进入企业应用平台，登录日期为 2019 年 1 月 15 日，在采购管理系统中选择"采购发票"|"专用采购发票"命令，进入"专用发票"窗口。

(2) 单击"增加"按钮，单击"生单"按钮，选择"入库单"选项，打开"采购入库单列表过滤"对话框，单击"过滤"按钮，进入"发票拷贝入库单列表"窗口。

(3) 选择要参照的采购入库单，单击"确定"按钮，则系统根据采购入库单自动填充采购专用发票相关信息，录入发票号"8899"，修改单价为"520"，单击"保存"按钮。

2) 在采购管理系统中进行手工结算

(1) 在采购管理系统中选择"采购结算"|"手工结算"命令，进入"手工结算"窗口。

(2) 单击"选单"按钮，打开"结算选单"对话框。

(3) 单击"查询"按钮，打开"过滤条件选择"对话框。

(4) 单击"过滤"按钮，选择要结算的入库单和发票，单击"确定"按钮返回"手工结算"窗口。

(5) 单击"结算"按钮，系统提示"完成结算！"，单击"确定"按钮返回。

3) 在存货核算系统中进行暂估成本处理并生成凭证(微课视频：WK70)

(1) 在存货核算系统中选择"业务核算"|"结算成本处理"命令，打开"暂估处理查询"对话框。

(2) 选择仓库"原料库"，单击"确定"按钮，进入"结算成本处理"窗口。

WK70.flv

(3) 选择要进行暂估结算的单据，单击"暂估"按钮，完成结算后退出。

(4) 选择"财务核算"|"生成凭证"命令，进入"生成凭证"窗口。

(5) 单击"选择"按钮，打开"查询条件"对话框。

(6) 单击"确定"按钮返回。

(7) 单击"全选"按钮,单击"确定"按钮,进入"生成凭证"窗口。

(8) 单击"保存"按钮,保存红字回冲单生成的凭证。

借:原材料——生产用原材料(140301)　　　20 000(红)
　　贷:应付账款(2202)　　　　　　　　　　　　20 000(红)

(9) 单击"下张"按钮,再单击"保存"按钮,保存蓝字回冲单生成的凭证。

借:原材料——生产用原材料(140301)　　　20 800
　　贷:在途物资(1402)　　　　　　　　　　　　20 800

4) 在应付款管理系统中审核发票并生成应付凭证

(1) 以"001 刘杰"的身份注册进入企业应用平台,登录日期为2019年1月15日,在应付款管理系统中选择"应付单据处理"|"应付单据审核"命令,打开"应付单过滤条件"对话框。

(2) 单击"确定"按钮,进入"应付单据列表"窗口。

(3) 选中待审核的发票,单击"审核"按钮,系统完成审核并给出审核报告,单击"确定"按钮返回。

(4) 选择"制单处理"命令,打开"制单查询"对话框,选中"发票制单"复选框,单击"确定"按钮,进入"采购发票制单"窗口。

(5) 选择凭证类别"转账凭证",单击"全选"按钮或在要选择单据的"选择标志"栏中录入"1",单击"制单"按钮,进入"填制凭证"窗口。

(6) 单击"保存"按钮,生成以下转账凭证。

借:在途物资(1402)　　　　　　　　　　　　　　20 800
　　应交税费——应交增值税——进项税额(22210101)　2 704
　　贷:应付账款(2202)　　　　　　　　　　　　23 504

6. 业务5

业务类型:采购退货

1) 在库存管理系统中填制并审核红字采购入库单(微课视频:WK71)

WK71.flv

(1) 以"004 杨磊"的身份注册进入企业应用平台,登录日期为2019年1月20日,在库存管理系统中选择"入库业务"|"采购入库单"命令,进入"采购入库单"窗口。

(2) 单击"增加"按钮,选择"红字"选项,根据实验资料"4. 业务4",选择仓库"原料库",供货单位"益民公司",入库类别"采购入库",存货"04 键盘",录入退货数量"-10",本币单价"60"。

(3) 单击"保存"按钮,再单击"审核"按钮,系统提示审核成功,单击"确定"按钮返回。

2) 在采购管理系统中录入红字采购专用发票并进行现付处理(微课视频：WK72)

(1) 在采购管理系统中选择"采购发票"|"红字专用采购发票"命令，进入"专用发票(红字)"窗口。

(2) 单击"增加"按钮，单击"生单"按钮，选择"入库单"选项，进入"采购入库单列表过滤"窗口，单击"过滤"按钮，进入"发票拷贝入库单列表"窗口。

WK72.flv

(3) 选择要参照的采购入库单，单击"确定"按钮，则系统根据红字采购入库单自动填充红字采购专用发票相关信息，录入发票号"6628"。

(4) 单击"保存"按钮，单击"现付"按钮，打开"采购现付"对话框。

(5) 选择结算方式"转账支票"，录入原币金额"-678"，票据号"Z003"，单击"确定"按钮，发票左上角显示"已现付"字样。

3) 在采购管理系统中进行采购结算

采购结算可采用自动结算或手工结算，操作步骤参见"2. 业务1—6)"或"4. 业务3—2)"。

4) 在存货核算系统中记账并生成入库凭证

操作步骤参见"2. 业务1—7)"，生成以下入库凭证。

借：原材料——生产用原材料(140301)　　　　　　　　600(红字)
　　贷：在途物资(1402)　　　　　　　　　　　　　　600(红字)

5) 在应付款管理系统中审核红字采购专用发票并生成付款凭证

操作步骤参见"3. 业务2—3)"，生成以下凭证。

借：在途物资(1402)　　　　　　　　　　　　　　　600(红字)
　　应交税费——应交增值税——进项税额(22210101)　78(红字)
　　贷：银行存款——工行存款(100201)　　　　　　　678(红字)

7. 月末结账

(1) 在采购管理系统中选择"月末结账"命令，进入"月末结账"窗口。

(2) 选中结账的月份，单击"结账"按钮，计算机自动进行月末结账，月末结账完毕，在"是否结账"栏显示"已结账"字样。

【注意事项】

- 没有期初记账，将不允许月末结账。
- 采购管理系统月末结账后，才能进行应付款管理系统、库存管理系统、存货核算系统的月末结账。
- 月末结账后，已结账月的采购入库单、采购发票不可修改和删除。
- 不允许跳月取消月末结账，只能从最后一个月逐月取消。
- 如果采购管理系统要取消月末处理，必须先取消应付款管理、库存管理、存货核算系统的月末结账。

8．账套备份

(1) 在硬盘建立"实验九 采购管理"文件夹。

(2) 将账套数据备份输出至"实验九 采购管理"文件夹中。

实验十 销售管理

实验目的

- 熟悉销售管理系统的主要内容和操作流程。
- 掌握日常销售业务和月末结账的操作方法。

实验内容

- 普通销售业务。
- 销售退货业务。
- 委托代销业务。
- 月末结账。

实验准备

- 引入实验八的账套备份数据或在U盘上引入已备份的实验八的账套数据。
- 启用销售管理系统。

实验十 销售管理系统.ppt

实验十账套.rar

实验要求

005(刘佳)负责销售管理的操作。

实验资料

1．业务1

(1) 2019年1月4日，兴达公司欲购买台式电脑20台，向销售一部询问价格，销售报价为5 400元，填制并审核报价单。

(2) 兴达公司了解情况后，要求订购20台台式电脑，要求发货日期为1月8日，填制并审核销售订单。

(3) 1月8日，销售一部从成品库向兴达公司发出所订货物，并据此开具专用发票一张。

(4) 销售一部将发票交给财务部，财务部结转此业务的收入及成本。

(5) 1月10日，财务部收到兴达公司交来的转账支票一张，支票号为6688，用以结清所销货物的款项。

2. 业务 2

(1) 2019 年 1 月 12 日，销售一部出售给兴达公司的台式电脑因质量问题，退回两台，单价为 5 400 元，收回成品库，同时开具红字专用发票一张。

(2) 2019 年 1 月 15 日，收到兴达公司交来的转账支票一张，支票号为 6699，用以结清退货款。

3. 业务 3

(1) 2019 年 1 月 20 日，销售二部委托昌盛公司代为销售台式电脑 100 台，售价为 5 400 元，货物从成品库发出。

(2) 2019 年 1 月 24 日，收到昌盛公司的委托代销清单一张，结算台式电脑 50 台，售价为 5 400 元。立即开具销售专用发票给昌盛公司，销售二部将该业务所涉及的出库单及销售发票交给财务部，财务部据此结转收入及成本。

实验步骤

1. 业务 1

业务类型：先发货后开票业务

1) 在销售管理系统中填制并审核销售报价单(微课视频：WK73)

(1) 以"005 刘佳"的身份注册进入企业应用平台，登录日期为 2019 年 1 月 4 日，在销售管理系统中选择"销售报价"|"销售报价单"命令，进入"销售报价单"窗口。

(2) 单击"增加"按钮，根据实验资料"1. 业务 1(1)"录入客户简称"兴达公司"，销售部门"销售一部"。

(3) 选择存货名称"05 台式电脑"，录入数量"20"，报价"5 400"。

(4) 单击"保存"按钮，检查无误后单击"审核"按钮，如图 5-109 所示。

WK73.flv

图 5-109 "销售报价单"窗口

(5) 单击"关闭"按钮，退出"销售报价单"窗口。

2) 在销售管理系统中填制并审核销售订单(微课视频：WK74)

(1) 在销售管理系统中选择"销售订货"|"销售订单"命令，进入"销售订单"窗口。

(2) 单击"增加"按钮，单击"生单"按钮，选择"报价"选项，打开"报价单"对话框，单击"过滤"按钮，进入"订单参照报价单"窗口。

WK74.flv

(3) 选择已录入的报价单，单击"确定"按钮，则系统根据销售报价单自动填充销售订单相关信息，根据实验资料"1. 业务 1(2)"修改预发货日期为"2019-01-08"。

(4) 单击"保存"按钮，检查无误后单击"审核"按钮，如图 5-110 所示。

图 5-110 "销售订单"窗口

(5) 单击"关闭"按钮，退出"销售订单"窗口。

3) 在销售管理系统中填制并审核销售发货单(微课视频：WK75)

(1) 以"005 刘佳"的身份重新注册进入企业应用平台，登录日期为 2019 年 1 月 8 日，在销售管理系统中选择"销售发货"|"发货单"命令，进入"发货单"窗口。

(2) 单击"增加"按钮，打开"参照订单"对话框，单击"过滤"按钮，进入"发货单参照订单"窗口。

WK75.flv

(3) 选择已生成的销售订单，单击"确定"按钮，则系统根据订单自动填充销售发货单相关信息，选择仓库"成品库"。

(4) 单击"保存"按钮，检查无误后单击"审核"按钮，如图 5-111 所示。

(5) 单击"关闭"按钮，退出"发货单"窗口。

图 5-111　"发货单"窗口

4) 在销售管理系统中填制并复核销售发票(微课视频：WK76)

(1) 选择"销售开票"|"销售专用发票"命令，进入"销售专用发票"窗口。

(2) 单击"增加"按钮，打开"发票参照发货单"对话框，单击"过滤"按钮，进入"发票参照发货单"窗口。

(3) 选择要参照的发货单，单击"确定"按钮，则系统根据发货单自动填充销售专用发票相关信息。

(4) 单击"保存"按钮，检查无误后单击"复核"按钮，如图 5-112 所示。

WK76.flv

图 5-112　"销售专用发票"窗口

(5) 单击"关闭"按钮,退出"销售专用发票"窗口。

5) 在应收管理系统中审核销售专用发票并生成销售收入凭证(微课视频:WK77)

(1) 以"001 刘杰"的身份注册进入企业应用平台,登录日期为2019年1月8日,在应收款管理系统中,选择"应收单据处理"|"应收单据审核"命令,打开"应收单过滤条件"对话框,确定后进入"应收单据列表"窗口。

WK77.flv

(2) 选择待审核的单据,单击"审核"按钮,系统提示审核成功,单击"确定"按钮返回。

(3) 选择"制单处理"命令,打开"制单查询"对话框,选中"发票制单"复选框,单击"确定"按钮,进入"销售发票"窗口。

(4) 选择凭证类别"转账凭证",单击"全选"按钮或在要选择单据的"选择标志"栏中录入"1",单击"制单"按钮,进入"填制凭证"窗口。

(5) 单击"保存"按钮,生成以下凭证。

借:应收账款(1122)　　　　　　　　　　　　　　122 040
　　贷:主营业务收入(6001)　　　　　　　　　　　　108 000
　　　　应交税费——应交增值税——销项税额(22210102)　14 040

6) 在库存管理系统中审核销售出库单(微课视频:WK78)

(1) 以"005 刘佳"的身份注册进入企业应用平台,登录日期为2019年1月8日,在库存管理系统中选择"出库业务"|"销售出库单"命令,进入"销售出库单"窗口。

WK78.flv

(2) 单击"末张"按钮,打开需审核的销售出库单,单击"审核"按钮,系统提示"该单据审核成功!",单击"确定"按钮,返回"销售出库单"窗口,如图 5-113 所示。

图 5-113 "销售出库单"窗口

(3) 单击"关闭"按钮，退出"销售出库单"窗口。

7) 在存货核算系统中对销售出库单进行记账并生成凭证

(1) 在存货核算系统中选择"业务核算"|"正常单据记账"命令，打开"过滤条件选择"对话框。

(2) 单击"过滤"按钮，进入"正常单据记账列表"窗口。

(3) 选中需要记账的单据，单击"记账"按钮，则系统开始记账。

(4) 选择"财务核算"|"生成凭证"命令，进入"生成凭证"窗口。

(5) 单击"选择"按钮，打开"查询条件"对话框。

(6) 选择"销售出库单"选项，单击"确定"按钮，进入"未生成凭证单据一览表"窗口。

(7) 选中需要生成凭证的单据，单击"确定"按钮，进入"生成凭证"窗口。

(8) 选择凭证类别"转账凭证"，单击"生成"按钮，进入"填制凭证"窗口。

(9) 单击"保存"按钮，生成以下凭证。

借：主营业务成本(6401)　　　　　　　　　　70 000
　　贷：库存商品(1405)　　　　　　　　　　　　70 000

8) 在应收款管理系统中录入收款单并生成收款凭证(微课视频：WK79)

(1) 以"001 刘杰"的身份注册进入企业应用平台，登录日期为2019年1月10日，在应收款管理系统中选择"收款单据处理"|"收款单据录入"命令，进入"收款单"窗口。

WK79.flv

(2) 单击"增加"按钮，选择客户"兴达公司"，结算方式"转账支票"，金额 122 040，票据号 6688，保存后，如图 5-114 所示，单击"审核"按钮，系统提示"是否立即制单?"，单击"是"按钮，进入"填制凭证"窗口。

图 5-114　"收款单"窗口

(3) 选择凭证类别"收款凭证",单击"保存"按钮,生成以下凭证。

借:银行存款——工行存款(100201)　　　　　　　　122 040
　　贷:应收账款(1121)　　　　　　　　　　　　　　122 040

2. 业务2

业务类型:先发货后开票退货业务

1) 在销售管理系统中填制并审核退货单(微课视频:WK80)

(1) 以"005 刘佳"的身份注册进入企业应用平台,登录日期为2019年1月12日,在销售管理系统中选择"销售发货"|"退货单"命令,进入"退货单"窗口。

(2) 单击"增加"按钮,在打开的"退货单参照发货单"对话框中单击"取消"按钮。根据实验资料"2. 业务 2"录入客户简称"兴达公司",销售部门"销售一部"。

(3) 选择仓库名称"成品库",存货名称"05 台式电脑",录入数量"-2",无税单价"5400"。

(4) 单击"保存"按钮,检查无误后单击"审核"按钮,如图5-115所示。

WK80.flv

图5-115 "退货单"窗口

(5) 单击"关闭"按钮,退出"退货单"窗口。

2) 在销售管理系统中填制并复核红字销售发票(微课视频:WK81)

(1) 选择"销售开票"|"红字专用销售发票"命令,进入"销售专用发票(红字)"窗口。

(2) 单击"增加"按钮,在打开的"发票参照发货单"对话框中选择"发货单类型:红字记录"选项,单击"过滤"按钮,选择要参照的退货单,单击"确定"按钮,则系统根据退货单自动填充红字销售

WK81.flv

专用发票相关信息。

(3) 单击"保存"按钮，再单击"复核"按钮。

(4) 单击"关闭"按钮，退出"销售专用发票(红字)"窗口。

3) 在应收款管理系统中审核红字销售专用发票并生成销售收入凭证

(1) 以"001 刘杰"的身份注册进入企业应用平台，登录日期为2019年1月12日，在应收款管理系统中选择"应收单据处理"|"应收单据审核"命令，打开"应收单过滤条件"对话框，确定后进入"应收单据列表"窗口。

(2) 选择待审核的单据，单击"审核"按钮，系统提示审核成功，单击"确定"按钮返回。

(3) 选择"制单处理"命令，打开"制单查询"对话框，选中"发票制单"复选框，单击"确定"按钮，进入"销售发票制单"窗口。

(4) 选择凭证类别"转账凭证"，单击"全选"按钮或在要选择单据的"选择标志"栏中录入"1"，单击"制单"按钮，进入"填制凭证"窗口。

(5) 单击"保存"按钮，生成以下凭证。

借：应收账款(1122)　　　　　　　　　　　　　　12 204(红字)
　　贷：主营业务收入(6001)　　　　　　　　　　　10 800(红字)
　　　　应交税费——应交增值税——销项税额(22210102)　1 404(红字)

4) 在库存管理系统中审核红字销售出库单

(1) 以"005 刘佳"的身份注册进入企业应用平台，登录日期为2019年1月12日，在库存管理系统中选择"出库业务"|"销售出库单"命令，进入"销售出库单"窗口。

(2) 单击"末张"按钮，打开需审核的销售出库单，单击"审核"按钮，系统提示"该单据审核成功!"，单击"确定"按钮，返回"销售出库单"窗口。

(3) 单击"关闭"按钮，退出"销售出库单"窗口。

5) 在存货核算系统中对销售出库单进行记账并生成凭证

操作步骤参见"1. 业务1—7)"，生成以下凭证。

借：主营业务成本(6401)　　　　　　　　　　　　7 000(红字)
　　贷：库存商品(1405)　　　　　　　　　　　　　7 000(红字)

6) 在应收款管理系统中录入付款单并生成红字收款凭证

(1) 以"001 刘杰"的身份注册进入企业应用平台，登录日期为2019年1月15日，在应收款管理系统中选择"收款单据处理"|"收款单据录入"命令，进入"收款单"窗口。

(2) 单击"切换"按钮，进入"付款单(红字)"窗口，单击"增加"按钮，选择客户"兴达公司"，结算方式"转账支票"，金额"12 204"，票据号"6699"，保存后，单击"审核"按钮，系统提示"是否立即制单?"，单击"是"按钮，进入"填制凭证"窗口。

(3) 选择凭证类别"收款凭证"，单击"保存"按钮，生成以下凭证。

借：银行存款——工行存款(100201)　　　　　　　12 204(红字)
　　贷：应收账款(1121)　　　　　　　　　　　　　12 204(红字)

3. 业务3

业务类型：委托代销业务

1) 在销售管理系统中填制并审核委托代销发货单(微课视频：WK82)

(1) 以"005 刘佳"的身份注册进入企业应用平台，登录日期为2019年1月20日，在销售管理系统中选择"委托代销"|"委托代销发货单"命令，进入"委托代销发货单"窗口。

(2) 单击"增加"按钮，在打开的"参照订单"对话框中单击"取消"按钮，根据实验资料"3．业务3"，选择销售类型"代销"，录入客户简称"昌盛公司"，选择仓库"成品库"，存货名称"05 台式电脑"，录入数量"100"，无税单价"5 400"。

(3) 单击"保存"按钮，检查无误后单击"审核"按钮，如图5-116所示。

图 5-116 "委托代销发货单"窗口

(4) 单击"关闭"按钮，退出"委托代销发货单"窗口。

2) 在库存管理系统中审核销售出库单

(1) 在库存管理系统中选择"出库业务"|"销售出库单"命令，进入"销售出库单"窗口。

(2) 单击"末张"按钮，打开需审核的销售出库单，单击"审核"按钮，系统提示"该单据审核成功!"，单击"确定"按钮，返回"销售出库单"窗口。

(3) 单击"关闭"按钮，退出"销售出库单"窗口。

3) 在存货核算系统中对委托代销发货单记账并生成出库凭证

(1) 在存货核算系统中选择"业务核算"|"发出商品记账"命令，进入"过滤条件选择"对话框。

(2) 单击"过滤"按钮，进入"发出商品记账"窗口。

(3) 选中需要记账的单据,单击"记账"按钮后退出。

(4) 选择"财务核算"|"生成凭证"命令,进入"生成凭证"窗口。

(5) 单击"选择"按钮,打开"查询条件"对话框。选择"委托代销发出商品发货单",单击"确定"按钮,进入"未生成凭证单据一览表"窗口。

(6) 选择要记账的发货单,单击"确定"按钮,进入"生成凭证"窗口。

(7) 选择凭证类别"转账凭证",录入发出商品科目"发出商品(1406)",单击"生成"按钮,进入"填制凭证"窗口。保存后,生成以下出库凭证。

借:发出商品(1406)   350 000
　　贷:库存商品(1405)   350 000

4) 在销售管理系统中根据委托代销发货单生成并审核委托代销结算单(微课视频:WK83)

(1) 以"005 刘佳"的身份重新注册进入企业应用平台,登录日期为2019年1月24日,在销售管理系统中选择"委托代销"|"委托代销结算单"命令,进入"委托代销结算单"窗口。

(2) 单击"增加"按钮,在打开的"委托结算参照发货单"对话框中单击"过滤"按钮,进入"委托结算参照发货单"窗口,选择要参照的委托代销发货单,单击"确定"按钮,则系统根据委托代销发货单自动填充委托代销结算单相关信息。

WK83.flv

(3) 根据实验资料"3.业务3"修改委托代销结算数量为"50",单击"保存"按钮,如图5-117所示,再单击"审核"按钮。

图 5-117 "委托代销结算单"窗口

(4) 在打开的"请选择发票类型"对话框中选择"专用发票",单击"确定"按钮后退出。

5) 在销售管理系统中复核根据委托代销结算单自动生成的销售发票

选择"销售开票"|"销售专用发票"命令,进入"销售专用发票"窗口,单击"上张"

按钮,查看根据委托代销结算单自动生成的销售发票,单击"复核"按钮后退出。

6) 在应收管理系统中审核销售专用发票并生成销售收入凭证

(1) 以"001 刘杰"的身份注册进入企业应用平台,登录日期为2019年1月24日,在应收管理系统中选择"应收单据处理"|"应收单据审核"命令,打开"应收单过滤条件"对话框,确定后进入"应收单据列表"窗口。

(2) 选择待审核的单据,单击"审核"按钮,系统提示审核成功,单击"确定"按钮返回。

(3) 选择"制单处理"命令,打开"制单查询"对话框,选中"发票制单"复选框,单击"确定"按钮,进入"销售发票制单"窗口。

(4) 选择凭证类别"转账凭证",单击"全选"按钮或在要选择单据的"选择标志"栏中录入"1",单击"制单"按钮,进入"填制凭证"窗口,保存后,生成以下凭证。

借:应收账款(1122) 305 100
　　贷:主营业务收入(6001) 270 000
　　　　应交税费——应交增值税——销项税额(22210102) 35 100

7) 在存货核算系统中对委托代销销售专用发票记账并生成结转销售成本凭证

(1) 以"005 刘佳"的身份重新注册进入企业应用平台,登录日期为2019年1月24日,在存货核算系统中选择"业务核算"|"发出商品记账"命令,进入"过滤条件选择"对话框。

(2) 单击"过滤"按钮,进入"发出商品记账"窗口。

(3) 选中需要记账的单据,单击"记账"按钮后退出。

(4) 选择"财务核算"|"生成凭证"命令,进入"生成凭证"窗口。

(5) 单击"选择"按钮,打开"查询条件"对话框,选择"委托代销发出商品专用发票",单击"确定"按钮,进入"未生成凭证单据一览表"窗口。

(6) 选择要制单的发票,单击"确定"按钮,进入"生成凭证"窗口。选择凭证类别"转账凭证",录入发出商品科目"发出商品(1406)",单击"生成"按钮,进入"填制凭证"窗口。保存后,生成以下出库凭证。

借:主营业务成本(6401) 175 000
　　贷:发出商品(1406) 175 000

【注意事项】
● 委托代销结算单审核后自动生成销售发票,取消审核后自动删除生成的销售发票。
● 委托代销商品发货单记账,减少库存商品,增加发出商品。
● 委托代销商品专用发票记账,减少发出商品,并结转销售成本。

4. 月末结账

(1) 在销售管理系统中选择"月末结账"命令,进入"月末结账"窗口,其中蓝条位置是当前会计月。

(2) 单击"月末结账"按钮,系统开始结账,月末结账完毕,在"是否结账"栏显示"是"

字样。

【注意事项】

- 上月未结账，本月不能结账。
- 已结账月份不能再录入单据。
- 销售管理系统结账后，库存管理系统、存货核算系统和应收款管理系统才能进行月末结账。
- 销售管理系统与应收款管理系统、库存管理系统、存货核算系统联合使用时，这些系统月末结账后，本系统不能取消月末结账。
- 如果销售管理系统要取消月末结账，必须先通知应收款管理、库存管理、存货核算的操作人员，要求他们的系统取消月末结账。如果它们中的任何一个系统不能取消月末结账，则不能取消销售管理系统的月末结账。

5．账套备份

(1) 在硬盘建立"实验十 销售管理"文件夹。
(2) 将账套数据备份输出至"实验十 销售管理"文件夹中。

实验十一　库 存 管 理

实验目的

- 熟悉库存管理系统的主要内容和操作流程。
- 掌握库存业务和月末结账的操作方法。

实验内容

- 入库业务。
- 出库业务。
- 其他业务。
- 月末结账。

实验十一　库存管理系统.ppt

实验准备

- 引入实验八的账套备份数据或在U盘上引入已备份的实验八的账套数据。
- 启用库存管理系统。

实验十一账套.rar

实验要求

004(杨磊)负责库存管理的操作。

实验资料

1. 业务1

(1) 2019年1月10日，成品库收到生产部加工的台式电脑30台，作产成品入库。

(2) 随后收到财务部提供的完工产品成本，其中台式电脑的总成本为105 000元，立即做成本分配记账生成凭证。

2. 业务2

2019年1月15日，生产部向原料库领用主板100个，用于生产笔记本电脑，记材料明细账，生成领料凭证。

3. 业务3

2019年1月18日，将原料库的硬盘50盒调拨到配件库。

4. 业务4

2019年1月25日，对原料库进行盘点，盘点后发现主板多出1个。

实验步骤

1. 业务1

业务类型：产成品入库

1) 在库存管理系统中填制并审核产成品入库单

(1) 以"004 杨磊"的身份注册进入企业应用平台，登录日期为2019年1月10日，在库存管理系统中选择"入库业务"|"产成品入库单"命令，进入"产成品入库单"窗口。

(2) 单击"增加"按钮，根据实验资料"1．业务1"录入入库日期2019-01-10，选择仓库"成品库"，部门"生产部"，入库类型"产成品入库"。

(3) 选择产品"05 台式电脑"，录入数量"30"。

(4) 单击"保存"按钮，再单击"审核"按钮，如图5-118所示。

(5) 单击"关闭"按钮，退出"产成品入库单"窗口。

2) 在存货核算系统中录入生产总成本并对产成品成本进行分配

(1) 在存货核算系统中选择"业务核算"|"产成品成本分配"命令，进入"产成品成本分配表"窗口。

(2) 单击"查询"按钮，打开"产成品成本分配表查询"对话框，选择"成品库"选项，单击"确定"按钮，系统将符合条件的记录添加至"产成品成本分配"中。

(3) 在"05 台式电脑"记录行的金额栏中录入"105 000"，如图5-119所示。

(4) 单击"分配"按钮，系统弹出"分配操作顺利完成！"，单击"确定"按钮返回。

(5) 选择"日常业务"|"产成品入库单"命令，进入"产成品入库单"窗口，查看入库

单上存货的单价。

图 5-118 "产成品入库单"窗口

图 5-119 "产成品成本分配表"窗口

3) 在存货核算系统中对产成品入库单记账并生成凭证

(1) 在存货核算系统中选择"业务核算"|"正常单据记账"命令，进入"正常单据记账列表"窗口，选择相应产成品入库单，单击"记账"按钮即可对产成品入库单进行记账。

(2) 选择"财务核算"|"生成凭证"命令，进入"生成凭证"窗口。单击"选择"按钮，打开"查询条件"对话框，选中"产成品入库单"，单击"确定"按钮，进入"未生成凭证单据一览表"窗口。

(3) 选择要制单的记录行，单击"确定"按钮，进入"生成凭证"窗口。选择凭证类别"转账凭证"，单击"生成"按钮，进入"填制凭证"窗口，录入项目名称"台式电脑"，确定后保存，生成以下入库凭证。

借：库存商品(1405)　　　　　　　　　　　　　　　　105 000
　　贷：生产成本——直接材料(500101)　　　　　　　　105 000

2. 业务2

业务类型：材料领用出库

1) 在库存管理系统中填制并审核材料出库单

(1) 以"004 杨磊"的身份注册进入企业应用平台，登录日期为2019年1月15日，在库存管理系统中选择"出库业务"|"材料出库单"命令，进入"材料出库单"窗口。

(2) 单击"增加"按钮，录入出库日期"2019-01-15"，选择仓库"原料库"，出库类别"领料出库"，部门"生产部"。

(3) 选择材料"01 主板"，录入数量"100"。

(4) 单击"保存"按钮，再单击"审核"按钮，如图5-120所示。

图5-120　"材料出库单"窗口

(5) 单击"关闭"按钮，退出"材料出库单"窗口。

2) 在存货核算系统中对材料出库单记账并生成凭证

(1) 在存货核算系统中，选择"业务核算"|"正常单据记账"命令，进入"正常单据记账列表"窗口，选择相应材料出库单，单击"记账"按钮即可对材料出库单进行记账。

(2) 选择"财务核算"|"生成凭证"命令，进入"生成凭证"窗口。单击"选择"按钮，打开"查询条件"对话框，选择"材料出库单"选项，单击"确定"按钮，进入"未生成凭证单据一览表"窗口。

(3) 选择要制单的记录行，单击"确定"按钮，进入"生成凭证"窗口。选择凭证类别"转账凭证"，单击"生成"按钮，进入"填制凭证"窗口，录入项目名称"笔记本电脑"，保存后，生成以下出库凭证。

　　借：生产成本——直接材料(500101)　　　　　　　　　　44 231
　　　　贷：原材料——生产用原材料(140301)　　　　　　　　44 231

3. 业务3

业务类型：库存调拨业务

1) 在库存管理系统中填制并审核调拨单

(1) 以"004 杨磊"的身份注册进入企业应用平台,登录日期为 2019 年 1 月 18 日,在库存管理系统中选择"调拨业务"|"调拨单"命令,进入"调拨单"窗口。

(2) 单击"增加"按钮,录入日期"2019-01-18",选择转出仓库"原料库",转入仓库"配件库",出库类别"调拨出库",入库类别"调拨入库"。

(3) 选择存货"02 硬盘",录入数量"50"。

(4) 单击"保存"按钮,再单击"审核"按钮,如图 5-121 所示。

图 5-121 "调拨单"窗口

(5) 单击"关闭"按钮,退出"调拨单"窗口。

2) 在库存管理系统中审核其他出入库单

(1) 在库存管理系统中选择"入库业务"|"其他入库单"命令,进入"其他入库单"窗口,单击"末张"按钮,打开需要审核的其他入库单,单击"审核"按钮。

(2) 在库存管理系统中选择"出库业务"|"其他出库单"命令,进入"其他出库单"窗口,单击"末张"按钮,打开需要审核的其他出库单,单击"审核"按钮。

3) 在存货核算系统中对其他出入库单记账

(1) 在存货核算系统中选择"业务核算"|"特殊单据记账"命令,进入"特殊单据记账条件"窗口。

(2) 选择单据类型"调拨单",确定后进入"特殊单据记账"窗口,选择要记账的调拨单,单击"记账"按钮。

【注意事项】

在"库存商品"科目不分明细的情况下,库存调拨业务不会涉及账务处理,因此,对库存调拨业务生成的其他出入库单暂不进行制单。

4. 业务4

业务类型:盘点业务

1) 在库存管理系统中填制并审核盘点单

(1) 以"004 杨磊"的身份注册进入企业应用平台，登录日期为 2019 年 1 月 25 日，在库存管理系统中，选择"盘点业务"命令，进入"盘点单"窗口。

(2) 单击"增加"按钮，录入盘点日期"2019-01-25"，选择盘点仓库"原料库"，出库类别"盘亏出库"，入库类别"盘盈入库"。

(3) 单击"盘库"按钮，系统提示"盘库将删除未保存的所有记录，是否继续？"，单击"是"按钮，弹出"盘点处理"对话框，选择盘点方式"按仓库盘点"，单击"确认"按钮，系统将盘点结果带回盘点单。

(4) 录入存货"01 主板"的盘点数量"201"。

(5) 单击"保存"按钮，再单击"审核"按钮，如图 5-122 所示。

图 5-122 "盘点单"窗口

(6) 单击"关闭"按钮，退出"盘点单"窗口。

2) 在库存管理系统中对盘点单生成的其他入库单审核

在库存管理系统中选择"入库业务"|"其他入库单"命令，进入"其他入库单"窗口，单击"末张"按钮，打开需要审核的其他入库单，单击"审核"按钮。

3) 在存货核算系统中对其他入库单记账并生成凭证。

(1) 在存货核算系统中选择"业务核算"|"正常单据记账"命令，进入"正常单据记账列表"窗口，选择要记账的盘点单，单击"记账"按钮。

(2) 选择"财务核算"|"生成凭证"命令，进入"生成凭证"窗口。单击"选择"按钮，打开"查询条件"对话框，选择"其他入库单"选项，单击"确定"按钮，进入"未生成凭证单据一览表"窗口。

(3) 选择要制单的记录行，单击"确定"按钮，进入"生成凭证"窗口。选择凭证类别"转账凭证"，单击"生成"按钮，进入"填制凭证"窗口。保存后，生成以下入库凭证。

借：原材料——生产用原材料(140301)　　　　　　　　　　　442.31
　　贷：待处理财产损溢——待处理流动资产损溢(190101)　　442.31

5．月末结账

(1) 在库存管理系统中选择"月末结账"命令，进入"结账处理"窗口。
(2) 单击"结账"按钮，在"已经结账"栏显示"是"字样。

【注意事项】
- 结账只能由有结账权的人进行。
- 库存管理系统和采购管理系统及销售管理系统集成使用时，必须在采购管理系统和销售管理系统结账后，库存管理系统才能进行结账。
- 月末结账后将不能再做当前会计月的业务，只能做下个会计月的日常业务。
- 如果库存管理系统和存货核算系统集成使用，必须在存货核算系统当月末结账或取消结账后，库存管理系统才能取消结账。

6．账套备份

(1) 在硬盘建立"实验十一　库存管理"文件夹。
(2) 将账套数据备份输出至"实验十一　库存管理"文件夹中。

实验十二　存　货　核　算

实验目的

- 熟悉存货核算系统的主要内容和操作流程。
- 掌握存货业务和月末处理的操作方法。

实验内容

- 出入库单据处理。
- 调整业务。
- 制单处理。
- 月末处理。

实验十二　存货核算系统.ppt

实验准备

引入实验八的账套备份数据或在U盘上引入已备份的实验八的账套数据。

实验十二账套.rar

实验要求

004(杨磊)负责存货核算的操作。

实验资料

1. 业务1

2019年1月15日,将2019年1月4日向万邦公司购买的19英寸显示器的入库成本增加500元。

2. 业务2

2019年1月20日,调整2019年1月8日销售一部出售给兴达公司的台式电脑的出库成本200元。

实验步骤

1. 业务1

业务类型:入库调整业务

1) 在存货核算系统中录入入库调整单并记账

(1) 以"004 杨磊"的身份注册进入企业应用平台,登录日期为2019年1月15日,在存货核算系统中选择"日常业务"|"入库调整单"命令,进入"入库调整单"窗口。

(2) 单击"增加"按钮,根据实验资料"1.业务1"选择仓库"原料库",录入日期"2019-01-15",选择收发类别"采购入库",部门"采购部",供应商"万邦公司"。

(3) 选择存货"03 19英寸显示器",调整金额为"500"。

(4) 单击"保存"按钮,再单击"记账"按钮后退出。

2) 在存货核算系统中生成入库调整凭证

(1) 选择"财务核算"|"生成凭证"命令,进入"生成凭证"窗口,单击"选择"按钮,打开"查询条件"对话框。

(2) 选中"入库调整单"选项,单击"确定"按钮,进入"未生成凭证单据一览表"窗口。

(3) 选择要制单的记录行,单击"确定"按钮,选择凭证类别"转账凭证",单击"生成"按钮,进入"填制凭证"窗口。保存后,生成以下入库凭证。

借:原材料——生产用原材料(140301)   500
　　贷:在途物资(1402)   500

2. 业务2

业务类型:出库调整业务

1) 在存货核算系统中录入出库调整单并记账

(1) 以"005 刘佳"的身份注册进入企业应用平台,登录日期为2019年1月20日,启动存货核算系统,选择"日常业务"|"出库调整单"命令,进入"出库调整单"窗口。

(2) 单击"增加"按钮,根据实验资料"2.业务2"选择仓库"成品库",录入日期

"2019-01-20",收发类别"销售出库",部门"销售一部",客户"兴达公司"。

(3) 选择存货"05 台式电脑",调整金额为"200"。

(4) 单击"保存"按钮,再单击"记账"按钮后退出。

2) 在存货核算系统中生成出库调整凭证

(1) 选择"财务核算"|"生成凭证"命令,进入"生成凭证"窗口,单击"选择"按钮,打开"查询条件"对话框。

(2) 选中"出库调整单"复选框,单击"确定"按钮,进入"未生成凭证单据一览表"窗口。

(3) 选择要制单的记录行,单击"确定"按钮,选择凭证类别"转账凭证",单击"生成"按钮,进入"填制凭证"窗口。保存后,生成以下出库凭证。

借:主营业务成本(6401)   200
  贷:库存商品(1405)   200

3．月末处理

1) 期末处理

(1) 在存货核算系统中选择"业务核算"|"期末处理"命令,打开"期末处理"对话框。

(2) 选择要期末处理的仓库,单击"确定"按钮,打开"月平均单价计算表"窗口,再单击"确定"按钮,系统弹出"期末处理完毕!"提示,确定后返回"期末处理"对话框,即可对所选仓库进行期末处理。

2) 月末结账

(1) 在存货核算系统中选择"业务核算"|"月末结账"命令,进入"月末结账"窗口。

(2) 单击"确定"按钮,系统弹出"月末结账完成!"提示,确定后返回。

4．账套备份

(1) 在硬盘建立"实验十二 存货核算"文件夹。

(2) 将账套数据备份输出至"实验十二 存货核算"文件夹中。

第六章 综合实验

综合实验一 财务核算

实验目的

- 熟悉总账管理系统和报表管理系统的主要内容和操作流程。
- 掌握总账管理系统和报表管理系统的操作方法。

实验内容

- 系统管理。
- 总账管理系统。
- 报表管理系统。

实验准备

安装用友 U8 v10.1 系统。

实验要求

- 系统管理员(admin)负责系统注册、设置用户、建立账套和设置用户权限的操作,操作时间为 2019 年 1 月 1 日。
- 001(赵丽)负责总账管理系统初始设置的操作,操作时间为 2019 年 1 月 1 日。
- 002(李霞)负责总账管理系统填制凭证的操作,操作时间为 2019 年 1 月 31 日。
- 003(刘冰)负责总账管理系统出纳签字的操作,操作时间为 2019 年 1 月 31 日。
- 001(赵丽)负责总账管理系统审核凭证、记账和结账的操作,操作时间为 2019 年 1 月 31 日。
- 001(赵丽)负责利用报表模板生成资产负债表、利润表和现金流量表的操作,操作时间为 2019 年 1 月 31 日。

实验资料

(一)系统管理

1. 账套信息

账套号:999;名称:阳光科技股份有限公司;单位简称:阳光公司;启用日期:2019年1月。企业的记账本位币:人民币(RMB);企业类型:工业;行业性质:2007年新会计制度科目。账套主管：赵丽，按行业性质预置会计科目。客户和供应商分类，企业有外币核算。客户和供应商分类编码级次：23；部门编码级次：1；会计科目编码级次：4222；小数位均为2。总账系统的启用日期是2019年1月1日。

2. 财务分工

账套主管：001 赵丽；会计：002 李霞，拥有总账系统(除审核凭证)的所有操作权限；出纳：003 刘冰，拥有总账系统中出纳签字及出纳的所有权限。

3. 基础档案

1) 部门档案

部门档案如表6-1所示。

表6-1 部门档案

部门编码	部门名称
1	人事部
2	财务部
3	生产部
4	市场部

2) 人员类别

本公司正式工分为三类，如表6-2所示。

表6-2 人员类别

分类编码	档案名称
10101	企业管理人员
10102	生产人员
10103	销售人员

3) 人员档案

人员档案如表6-3所示。

表6-3 人员档案

人员编码	人员姓名	性别	人员类别	人事部门	是否业务员	是否操作员	对应操作员编码
101	周敏	男	企业管理人员	人事部	是		
102	赵丽	女	企业管理人员	财务部	是	是	001
103	李霞	女	企业管理人员	财务部	是	是	002
104	刘冰	女	企业管理人员	财务部	是	是	003
105	马嘉	女	生产人员	生产部	是		
106	王辉	男	销售人员	市场部	是		

4) 客户分类

客户分类如表6-4所示。

表6-4 客户分类

分类编码	分类名称
01	东北地区
02	华北地区
03	华东地区

5) 客户档案

客户档案如表6-5所示。

表6-5 客户档案

客户编码	客户简称	所属分类
001	辽宁胜利公司	01
002	邯郸金辉公司	02
003	温州宝乐公司	03

6) 供应商分类

供应商分类如表6-6所示。

表6-6 供应商分类

分类编码	分类名称
01	短期客户
02	中期客户
03	长期客户

7) 供应商档案

供应商档案如表6-7所示。

表6-7 供应商档案

供应商编码	供应商简称	所属分类
001	大连海特公司	01
002	河北九华公司	02
003	杭州亚龙公司	03

(二)总账管理系统初始设置

1. 总账控制参数

凭证采用制单序时控制、支票控制,可以使用应收、应付受控科目,现金流量科目可以不录现金流量项目，凭证审核控制到操作员，出纳凭证必须经出纳签字，部门、个人、项目按编码方式排序。

2. 外币及汇率

币符：USD；币名：美元；固定汇率：1∶6.315。

3. 凭证类别

收款凭证、付款凭证、转账凭证(备注：设置限制类型和限制科目)。

4. 结算方式

1 现金支票；2 转账支票。

5. 项目目录

项目大类：生产成本。

核算科目：直接材料500101、直接人工500102。

项目分类：1 自行开发项目；2 委托开发项目。

项目名称：001　甲产品、002　乙产品(备注：都属自行开发项目)。

6. 会计科目期初余额

会计科目期初余额如表6-8所示。

表6-8　会计科目期初余额

类型	科目编码	科目名称	辅助核算	方向	余额(元)
资产	1001	库存现金	日记账	借	2 000.00
资产	1002	银行存款		借	250 000.00
资产	100201	工行存款	银行账、日记账	借	200 000.00
资产	100202	中行存款	银行账、日记账(美元)	借	50 000.00
资产	1122	应收账款	客户往来	借	30 000.00
资产	1231	坏账准备		贷	300.00
资产	1221	其他应收款	个人往来	借	6 000.00
资产	1403	原材料		借	51 400.00
资产	140301	生产用原材料	数量核算(吨)	借	51 400.00
成本	5001	生产成本		借	6 300.00
成本	500101	直接材料	项目核算	借	5 000.00
成本	500102	直接人工	项目核算	借	1 300.00
负债	2202	应付账款	供应商往来	贷	20 000.00
负债	2221	应交税费		贷	35 400.00
负债	222101	应交增值税		贷	35 400.00
负债	22210101	进项税额		贷	

续表

类型	科目编码	科目名称	辅助核算	方向	余额(元)
负债	22210102	销项税额		贷	35 400.00
负债	222102	应交所得税		贷	
权益	4001	实收资本		贷	290 000.00
损益	6602	管理费用		借	
损益	660201	差旅费	部门核算	借	

指定 1001 库存现金为现金总账科目。

指定 1002 银行存款为银行总账科目。

指定 1001 库存现金、100201 工行存款和 100202 中行存款为现金流量科目。

7. 辅助账期初余额

辅助账期初余额如表 6-9～表 6-12 所示。

表 6-9 其他应收款期初余额

日 期	部门名称	姓 名	摘 要	借贷方向	余额(元)
2018-12-26	人事部	周敏	出差借款	借	6 000.00

表 6-10 应收账款期初余额

日 期	客户名称	摘 要	借贷方向	余额(元)
2018-12-25	辽宁胜利公司	销售商品	借	30 000.00

表 6-11 应付账款期初余额

日 期	供应商名称	摘 要	借贷方向	余额(元)
2018-12-20	杭州亚龙公司	购货款	贷	20 000.00

表 6-12 生产成本期初余额

科目名称	甲产品(元)	乙产品(元)	合计(元)
直接材料 500101	2 000.00	3 000.00	5 000.00
直接人工 500102	500.00	800.00	1 300.00
合计	2 500.00	3 800.00	6 300.00

(三)总账管理系统日常业务处理

阳光公司 2019 年 1 月发生以下经济业务。

(1) 1 月 2 日财务部刘冰从工行提取现金 5 000 元。(现金支票 101)

借：库存现金(1001) 5 000

　　贷：银行存款——工行存款(100201) 5 000

(2) 1月5日生产部马嘉购生产用原材料30吨，每吨1 000元，材料直接入库，货款以银行存款支付。(转账支票1007)

借：原材料——生产用原材料(140301)　　　　　　30 000
　　应交税费——应交增值税——进项税额(22210101)　5 100
　　　贷：银行存款——工行存款(100201)　　　　　　35 100

(3) 1月6日人事部周敏出差归来，报销差旅费6 000元。

借：管理费用——差旅费(660201)　　　　　　　　6 000
　　　贷：其他应收款(1221)　　　　　　　　　　　6 000

(4) 1月8日生产部领用材料5吨，单价1 000元，用于生产甲产品。

借：生产成本——直接材料(500101)　　　　　　　5 000
　　　贷：原材料——生产用原材料(140301)　　　　5 000

(5) 1月10日收到外单位投资10 000美元，汇率1∶6.315，转账支票号2001。

借：银行存款——中行存款(100202)　　　　　　　63 150
　　　贷：实收资本(4001)　　　　　　　　　　　　63 150

(6) 1月12日市场部王辉销售给邯郸金辉公司一批甲产品，转来转账支票一张，金额为11 700元，转账支票号为2002。

借：银行存款——工行存款(100201)　　　　　　　11 700
　　　贷：主营业务收入(6001)　　　　　　　　　　10 000
　　　　　应交税费——应交销项税额(22210102)　　1 700

(7) 1月20日财务部刘冰偿还杭州亚龙公司货款20 000元，以工行存款支付。转账支票号为2003。

借：应付账款(2202)　　　　　　　　　　　　　　20 000
　　　贷：银行存款——工行存款(100201)　　　　　20 000

操作提示

1. 系统注册

以系统管理员(admin)身份注册进入系统管理。

2. 设置用户

根据实验资料"(一)—2. 财务分工"，增加001赵丽、002李霞和003刘冰的用户信息。

3. 建立账套

根据实验资料"(一)—1. 账套信息"，按系统提示创建阳光公司的账套数据。

4. 设置用户权限

根据实验资料"(一)—2. 财务分工"，依次给各用户设置权限。

5. 系统启用

以"001 赵丽"的身份注册进入企业应用平台,启用总账管理系统,启用日期为 2019 年 1 月 1 日。

6. 设置基础档案

以"001 赵丽"的身份注册进入企业应用平台,根据实验资料"(一)—3.基础档案",依次录入部门档案、人员类别、人员档案等的基础档案信息。

7. 总账管理系统初始设置

以"001 赵丽"的身份注册进入企业应用平台,根据实验资料"(二)总账管理系统初始设置"进行初始设置。

8. 填制凭证

以"002 李霞"的身份注册进入企业应用平台,根据实验资料"(三)总账管理系统日常业务处理",填制记账凭证。

9. 出纳签字

以"003 刘冰"的身份注册进入企业应用平台,完成凭证的出纳签字。

10. 审核凭证和记账

以"001 赵丽"的身份注册进入企业应用平台,完成凭证的审核和记账。

11. 自动转账

以"002 李霞"的身份注册进入企业应用平台,根据实验资料"(三)总账管理系统日常业务处理",利用期间损益和自定义转账定义的方法实现自动结转,生成期间损益转入本年利润、计算本月应缴所得税和结转所得税费用的转账凭证,并以"001 赵丽"的身份注册进入企业应用平台,依此完成相应凭证的审核、记账。

12. 结账

以"001 赵丽"的身份注册进入企业应用平台,完成期末结账。

13. 生成报表

以"001 赵丽"的身份注册进入企业应用平台,在用友 UFO 报表管理系统中,利用报表模板编制阳光公司 2019 年 1 月的资产负债表、利润表和现金流量表。

综合实验二 业 务 核 算

实验目的

- 熟悉供应链管理各系统的主要内容和操作流程。

第六章 综合实验

- 掌握供应链管理各系统初始设置、日常处理和期末处理的操作方法。

实验内容

- 应收款管理系统。
- 应付款管理系统。
- 采购管理系统。
- 销售管理系统。
- 库存管理系统。
- 存货核算系统。

实验准备

引入单项实验中实验二的账套数据。

实验要求

- 001(刘杰)负责供应链管理各系统初始设置的操作,操作时间为2019年1月1日。
- 001(刘杰)负责应收款管理系统、应付款管理系统相关业务单据填制及记账凭证生成的操作,完成各系统记账、结账工作,操作时间为2019年1月31日。
- 003(梁红)负责总账管理系统出纳签字的操作,操作时间为2019年1月31日。
- 002(李波)负责总账管理系统审核凭证和记账的操作,操作时间为2019年1月31日。
- 004(杨磊)负责采购管理、库存管理和存货核算各系统相关业务单据填制及记账凭证生成的操作,操作时间为2019年1月31日。
- 005(刘佳)负责销售管理、库存管理和存货核算各系统相关业务单据填制及记账凭证生成的操作,操作时间为2019年1月31日。

实验资料

1. 供应链各系统参数

1) 采购管理系统

参数采用系统默认设置。

2) 销售管理系统

是否销售生成出库单:选中;报价是否含税:不选;新增发货单默认:参照订单;新增退货单默认:参照发货;新增发票默认:参照发货单;其他参数保持系统默认设置。

3) 库存管理系统

参数采用系统默认设置。

4) 存货核算系统

暂估方式：单到回冲；销售成本核算方式：销售出库单；其他参数保持系统默认设置。

2．基础档案信息

1) 存货分类

存货分类如表 6-13 所示。

表 6-13　存货分类

存货分类编码	存货分类名称
01	原材料
02	产成品

2) 计量单位组

计量单位组如表 6-14 所示。

表 6-14　计量单位组

计量单位组编码	计量单位组名称	计量单位组类别
01	无换算关系	无换算率

3) 计量单位

计量单位如表 6-15 所示。

表 6-15　计量单位

计量单位编码	计量单位名称	所属计量单位组类别
01	个	无换算
02	盒	无换算
03	只	无换算
04	台	无换算

4) 存货档案

存货档案如表 6-16 所示。

表 6-16　存货档案

存货编码	存货名称	所属类别	主计量单位名称	税率/%	存货属性
01	主板	01	个	13	外购、生产耗用、内销
02	硬盘	01	盒	13	外购、生产耗用、内销
03	键盘	01	只	13	外购、生产耗用、内销
04	台式电脑	02	台	13	自制、内销

5) 仓库档案

仓库档案如表 6-17 所示。

表 6-17　仓库档案

仓库编码	仓库名称	计价方式
01	原材料仓库	移动平均
02	产成品仓库	移动平均

6) 收发类别

收发类别如表 6-18 所示。

表 6-18　收发类别

收发类别编码	收发类别名称
1	采购入库
2	暂估入库
3	产成品入库
4	销售出库
5	领料出库

7) 采购类型

采购类型如表 6-19 所示。

表 6-19　采购类型

采购类型编码	采购类型名称	入库类别	是否默认值
1	普通采购	采购入库	是

8) 销售类型

销售类型如表 6-20 所示。

表 6-20　销售类型

销售类型编码	销售类型名称	出库类别	是否默认值
1	经销	销售出库	是

9) 开户银行

开户银行如表 6-21 所示。

表 6-21　开户银行

开户银行编码	名　称	账　号
01	工商银行太原市南内环分理处	050212180902

3．业务科目设置

1) 根据存货分类设置存货科目

根据存货分类设置的存货科目如表 6-22 所示。

表 6-22 存货科目

存货分类	存货科目
原材料	生产用原材料(140301)
产成品	库存商品(1405)

2) 根据收发类别设置存货的对方科目

根据收发类别设置存货的对方科目如表 6-23 所示。

表 6-23 存货的对方科目

收发分类	对方科目
采购入库	在途物资(1402)
暂估入库	应付账款(2202)
产成品入库	生产成本——直接材料(500101)
销售出库	主营业务成本(6401)
领料出库	生产成本——直接材料(500101)

3) 设置应收款管理系统中的常用科目

(1) 基本科目设置。

基本科目如表 6-24 所示。

表 6-24 基本科目

基本科目	对应科目
应收科目	应收账款(1122)
销售收入科目	主营业务收入(6001)
税金科目	应交税费——应交增值税——销项税额(22210102)

(2) 结算方式科目设置。

结算方式科目如表 6-25 所示。

表 6-25 结算方式科目

结算方式名称	对应科目
现金支票	工行存款(100201)
转账支票	工行存款(100201)

(3) 设置应收款管理系统的账套参数。

将坏账处理方式设置为"应收余额百分比法"。

(4) 坏账准备设置。

提取比例：0.5%；期初余额：5 000；坏账准备科目：1231；对方科目：6701。

4) 设置应付款管理系统中的常用科目

(1) 基本科目设置。

基本科目如表 6-26 所示。

表 6-26 基本科目

基本科目	对应科目
应付科目	应付账款(2202)
采购科目	在途物资(1402)
税金科目	应交税费——应交增值税——进项税额(22210101)

(2) 结算方式科目设置。

结算方式科目如表 6-27 所示。

表 6-27 结算方式科目

结算方式名称	对应科目
现金支票	工行存款(100201)
转账支票	工行存款(100201)

4．期初数据

1) 采购管理系统期初数据

2018 年 12 月 24 日，收到益民公司提供的主板 50 个，单价为 600 元，商品已验收入原材料仓库，至今未收到发票。

2) 库存和存货核算系统期初数据

库存和存货核算系统各仓库期初数据如表 6-28 所示。

表 6-28 各仓库期初数据

仓库名称	存货名称	数　量	结存单价(元)
原料库	主板	300	450
	硬盘	500	230
成品库	台式电脑	200	4 000

3) 应收款管理系统期初数据(以应收单形式录入)

应收账款期初余额如表 6-29 所示。

表 6-29 应收账款期初余额

日　期	客　户	摘　要	方　向	金额(元)
2018.12.20	兴达公司	销售商品	借	500 000

4) 应付款管理系统期初数据(以应付单形式录入)

应付账款期初余额如表 6-30 所示。

表 6-30　应付账款期初余额

日　　期	客　　户	摘　　要	方　　向	金额(元)
2018.12.28	益民公司	购货款	贷	289 700

5．业务资料

业务 1：

(1) 2019 年 1 月 3 日，业务员杨磊向上级主管提出请购要求，请购键盘 200 只，单价 60 元，供应商为万邦公司，业务员据此填制请购单，需求日期为 2019 年 1 月 6 日。

(2) 2019 年 1 月 4 日，上级主管同意向万邦公司订购键盘 200 只，单价 60 元，要求到货日期为 2019 年 1 月 6 日。

(3) 2019 年 1 月 6 日，收到所订购的键盘 200 只，填制到货单。

(4) 2019 年 1 月 6 日，将所收到的货物验收入原料库，同时收到该笔货物的专用发票一张，票号为 ZY001，采购部将发票交给财务部，财务部确认此业务所涉及的应付账款和采购成本。

(5) 财务部开出转账支票一张，支票号为 Z001，结清货款。

业务 2：

(1) 2019 年 1 月 8 日，兴达公司欲购买硬盘 50 盒，向销售部询问价格，销售报价为 650 元，填制并审核报价单。

(2) 兴达公司了解情况后，要求订购 50 盒，要求发货日期为 1 月 10 日，填制并审核销售订单。

(3) 2019 年 1 月 10 日，销售部从原料库向兴达公司发出所订货物，并据此开具专用发票一张。

(4) 销售部将发票交给财务部，财务部结转此业务的收入及成本。

(5) 2019 年 1 月 15 日，财务部收到兴达公司交来转账支票一张，支票号为 2365，用以结清所购货物的货款。

业务 3：

2019 年 1 月 20 日，调整 2019 年 1 月 10 日出售给兴达公司的硬盘的出库成本 200 元。

操作提示

(1) 以"001 刘杰"的身份注册进入企业应用平台，启用采购管理、销售管理、库存管理、存货核算、应收款管理、应付款管理系统。

(2) 根据实验资料"1. 供应链各系统参数"完成各系统的参数设置。

(3) 根据实验资料"2. 基础档案信息"进行基础存货信息和基础业务信息的设置。

(4) 根据实验资料"3. 业务科目设置"进行存货科目和对方科目、应收系统科目、应付系统科目的设置。

(5) 根据实验资料"4. 期初数据"录入采购管理、销售管理、库存管理和存货核算各系统的期初数据。

(6) 以 "004 杨磊" 的身份注册进入企业应用平台，根据实验资料 "5. 业务资料——业务1" 在相应模块填制相关业务单据，生成记账凭证。

(7) 以 "005 刘佳" 的身份注册进入企业应用平台，根据实验资料 "5. 业务资料——业务2、业务3" 在相应模块填制相关业务单据，生成记账凭证。

(8) 以 "003 梁红" 的身份注册进入企业应用平台，完成凭证的出纳签字。

(9) 以 "002 李波" 的身份注册进入企业应用平台，完成凭证的审核和记账。

(10) 以 "001 刘杰" 的身份注册进入企业应用平台，依次完成各系统的结账工作，结账顺序为：销售管理系统、采购管理系统、库存管理系统、存货核算系统、应收款管理系统、应付款管理系统和总账管理系统。

综合实验三　财务与业务集成

实验目的

- 熟悉用友财务软件各系统的主要内容和操作流程。
- 掌握用友财务软件各系统初始设置、日常处理和期末处理的操作方法。

实验内容

- 系统管理。
- 总账管理系统。
- 报表管理系统。
- 薪资管理系统。
- 固定资产管理系统。
- 应收账款管理系统。
- 应付账款管理系统。
- 采购管理系统。
- 销售管理系统。
- 库存管理系统。
- 存货核算系统。

实验准备

安装用友 U8 v10.1 系统。

实验要求

- 系统管理员(admin)负责系统注册、设置用户、建立账套和设置用户权限的操作。

- 账套主管 001(李晶)负责各系统初始设置和期初余额录入的操作,操作时间为 2019 年 1 月 1 日。
- 账套主管 001(李晶)负责根据经济业务在相应模块填制相关业务单据,生成记账凭证,完成各模块的记账、结账工作,以及编制资产负债表和利润表,操作时间为 2019 年 1 月 31 日。
- 003(陈平)负责总账管理系统出纳签字的操作,操作时间为 2019 年 1 月 31 日。
- 002(王红)负责总账管理系统审核凭证和记账的操作,操作时间为 2019 年 1 月 31 日。

实验资料

(一)基础信息

1. 账套

1) 账套信息

账套号:666;账套名称:派利公司;启用会计期间:2019 年 1 月 1 日。

2) 单位信息

单位名称:太原派利笔业有限公司;单位简称:派利笔业;单位地址:太原市解放北路 189 号;法定代表人:付军;邮编:030012;税号:140283783927877。

3) 核算类型

记账本位币:人民币;企业类型:工业;行业性质:2017 年新会计制度科目;账套主管:001;按行业性质预置科目。

4) 基础信息

存货、客户分类,供应商不分类,无外币核算。

5) 编码方案

科目编码:4222;部门:22;收发类别:121;其他采用系统默认设置。数据精度:采用系统默认。

2. 用户及其权限

用户及其权限如表 6-31 所示。

表 6-31 用户及其权限

编 号	姓 名	所属部门	系统权限
001	李晶	财务部	账套的全部权限
002	王红	财务部	公共单据、公用目录设置、总账管理、薪资管理、固定资产管理、应收款管理、应付款管理
003	陈平	综合管理部	总账系统中出纳签字及出纳的所有权限

3. 系统启用

启用总账管理、应收款管理、应付款管理、固定资产管理、薪资管理、采购管理、销售管理、库存管理、存货核算各系统,启用日期统一为 2019 年 1 月 1 日。

4. 基础档案

1) 部门档案

部门档案如表 6-32 所示。

表 6-32 部门档案

部门编码	部门名称	部门编码	部门名称
01	综合管理部	05	生产部
02	财务部	0501	生产一部
03	采购部	0502	生产二部
04	销售部	06	仓管部

2) 人员类别

本公司正式工分为五类,如表 6-33 所示。

表 6-33 人员类别

分类编码	分类名称
1001	管理人员
1002	行政人员
1003	营销人员
1004	采购人员
1005	生产人员

3) 人员档案

人员档案如表 6-34 所示。

表 6-34 人员档案

人员编号	人员姓名	性别	人事部门	人员类别	是否业务员	是否操作员	对应操作员编码
001	陈平	男	综合管理部	管理人员	是	是	003
002	韩冰	女	综合管理部	行政人员	是		
003	李晶	女	财务部	管理人员	是	是	001
004	王红	女	财务部	行政人员		是	002
005	李明	男	采购部	采购人员	是		
006	黄平	男	采购部	采购人员	是		
007	赵立	男	销售部	营销人员	是		
008	吴天	男	销售部	营销人员	是		
009	赵兵	男	生产一部	管理人员	是		
010	张恒	男	生产一部	生产人员	是		
011	王和	女	生产二部	管理人员	是		

续表

人员编号	人员姓名	性别	人事部门	人员类别	是否业务员	是否操作员	对应操作员编码
012	何飞	男	生产二部	生产人员	是		
013	陈力	男	仓管部	管理人员	是		

4) 地区分类

地区分类如表 6-35 所示。

表 6-35 地区分类

地区分类	分类名称
01	北方地区
02	南方地区

5) 客户分类

客户分类如表 6-36 所示。

表 6-36 客户分类

分类编码	分类名称
01	批发商
02	代理商
03	零散客户

6) 客户档案

客户档案如表 6-37 所示。

表 6-37 客户档案

客户编号	客户简称	所属分类码	所属地区	分管部门	分管业务员	开户银行	银行账号	税号
0101	北京科达公司	01	01	销售部	赵立	交通银行	1111	1166
0102	天津恒利公司	01	01	销售部	吴天	华夏银行	2222	2266
0201	福州宏丰公司	02	02	销售部	赵立	农业银行	3333	3366
0202	上海安迅公司	02	02	销售部	吴天	中国银行	4444	4466
0301	零散客户	03	01					

7) 供应商档案

供应商档案如表 6-38 所示。

8) 存货分类及存货档案设置

(1) 计量单位组和计量单位。

计量单位组和计量单位分别如表 6-39、表 6-40 所示。

(2) 存货分类和存货档案。

存货分类和存货档案如表 6-41 所示。

表 6-38 供应商档案

供应商编号	供应商简称	所属地区	分管部门	分管业务员
001	佳和公司	01	采购部	李明
002	新达公司	02	采购部	黄平
003	永益公司	01	采购部	李明

表 6-39 计量单位组

计量单位组编码	计量单位组名称	计量单位组类别
01	自然单位	无换算率
02	支与盒	固定换算率

表 6-40 计量单位

计量单位编号	计量单位名称	计量单位组编号	换 算 率
0101	元	01	无换算率
0201	支	02	100
0202	盒	02	1

表 6-41 存货分类和存货档案

存货分类	存货编码	存货名称	计量单位	税率(%)	属 性
01 原材料	0001	笔芯	支	13	外购、生产耗用
	0002	笔壳	支	13	外购、生产耗用
	0003	笔帽	支	13	外购、生产耗用
	0004	弹簧	支	13	外购、生产耗用
02 半成品类	001	笔身组件	支	13	自制、生产耗用
03 成品类	01	单色圆珠笔	支	13	自制、内销
	02	双色圆珠笔	支	13	自制、内销
	03	三色圆珠笔	支	13	自制、内销
04 劳务类	YS001	运输费	元	13	外购、应税劳务

9) 结算方式

结算方式如表 6-42 所示。

表 6-42 结算方式

编 号	结算名称	是否票据管理
1	现金支票	是
2	转账支票	是
3	商业承兑汇票	
4	银行承兑汇票	

10) 银行档案

银行编码：05；银行名称：中国商业银行；默认个人账号"定长"；账号长度：14 位。自动带出的账号长度为 8 位。

11) 本单位开户银行

本单位开户银行如表 6-43 所示。

表 6-43　本单位开户银行

编　号	银行账号	开户银行
001	32401202198321	中国商业银行太原支行

12) 项目目录

项目目录如表 6-44 所示。

表 6-44　项目目录

项目大类名称	圆珠笔成本核算			
项目分类	0 无分类			
核算科目	库存商品——圆珠笔 生产成本——人工费 生产成本——材料费 生产成本——制造费用 主营业务收入——圆珠笔 主营业务成本——圆珠笔业务成本			
项目目录	项目编号	项目名称	是否结算	所属分类码
	001	单色圆珠笔	否	无分类
	002	双色圆珠笔	否	无分类
	003	三色圆珠笔	否	无分类

13) 凭证类别

采用记账凭证方式。

14) 仓库档案

仓库档案如表 6-45 所示。

表 6-45　仓库档案

仓库编码	仓库名称	计价方式
01	原材料库	移动平均法
02	半成品库	移动平均法
03	产成品库	移动平均法

15) 收发类别

收发类别如表 6-46 所示。

表 6-46 收发类别

一级编码及名称	二级编码及名称	一级编码及名称	二级编码及名称
1 入库	101 采购入库	2 出库	201 销售出库
	102 采购退货		202 销售退货
	103 盘盈入库		203 盘亏出库
	104 调拨入库		204 调拨出库
	105 产成品入库		205 领料出库
	106 其他入库		206 其他出库

16) 采购类型和销售类型

采购类型和销售类型如表 6-47 所示。

表 6-47 采购类型和销售类型

类 型	名 称	出入库类别	类 型	名 称	出入库类别
采购类型	01 厂家进货	采购入库	销售类型	01 批发零售	销售出库
	02 代理商进货	采购入库		02 销售退回	销售退货
	03 采购退回	采购退货			

17) 费用项目分类

0 无分类。

18) 费用项目

费用项目如表 6-48 所示。

表 6-48 费用项目

费用项目编码	费用项目名称	费用项目分类
01	运输费	无分类
04	业务招待费	无分类

19) 单据格式

在以下单据格式中增加件数、换算率等栏目：采购订单、到货单、采购入库单、材料出库单、销售报价单、销售订单、销售发货单、库存期初、委托代销发货单。

(二)各模块系统参数设置

1. 总账管理系统

制单序时控制；出纳凭证必须经由出纳签字；不允许修改、作废他人填制的凭证；数量小数位和单价小数位设置为 2；部门、个人、项目按编码方式排序。

2. 固定资产管理系统

1) 账套参数

账套参数如表 6-49 所示。

表 6-49 账套参数

控制参数	参数设置
折旧信息	本账套计提折旧 折旧方法：平均年限法一 折旧汇总分配周期：1 个月 当"月初已计提月份=可使用月份-1"时，将剩余折旧全部提足
编码方式	资产类别编码方式：2112 固定资产编码方式：按"类别编码+部门编码+序号"自动编码 卡片序号长度为 3
财务接口	与账务系统进行对账 固定资产对账科目：固定资产(1601) 累计折旧对账科目：累计折旧(1602)
补充参数	业务发生后立即制单 月末结账前一定要完成制单登账业务 固定资产默认入账科目：1601 累计折旧默认入账科目：1602

2) 资产类别

资产类别如表 6-50 所示。

表 6-50 资产类别

类别编码	类别名称	使用年限	净残值率(%)	计提属性	折旧方法	卡片样式
01	房屋及建筑物	30	2	正常计提	平均年限法(一)	通用样式
011	行政楼	30	2	正常计提	平均年限法(一)	通用样式
012	厂房	30	2	正常计提	平均年限法(一)	通用样式
02	机器设备	10	3	正常计提	平均年限法(一)	通用样式
03	运输设备	6	4	正常计提	平均年限法(一)	通用样式
04	办公设备	5	3	正常计提	平均年限法(一)	通用样式

3) 部门及对应折旧科目

部门及对应折旧科目如表 6-51 所示。

表 6-51 部门及对应折旧科目

部 门	对应折旧科目
综合管理部、财务部、采购部	管理费用——折旧费(660201)
销售部	销售费用——折旧费(660101)
生产一部、生产二部、仓管部	制造费用——折旧费(510101)

4) 增减方式对应入账科目

增减方式对应入账科目如表 6-52 所示。

表 6-52　增减方式对应入账科目

增加方式	对应入账科目	减少方式	对应入账科目
直接购入	银行存款——商业银行北京支行(100201)	出售	固定资产清理(1606)
投资者投入	实收资本(4001)	捐赠转出	固定资产清理(1606)
在建工程转入	在建工程(1604)		

3. 薪资管理系统

1) 账套参数

工资类别：多个工资类别，从工资中代扣个人所得税。

2) 工资类别设置

工资类别如表 6-53 所示。

表 6-53　工资类别

类别编码	类别名称
001	在职人员
002	退休人员

工资类别为"在职人员"和"退休人员"，并且在职人员分布于各个部门，而退休人员只属于综合管理部门。

3) "在职人员"需增加的工资项目

"在职人员"需增加的工资项目如表 6-54 所示。

表 6-54　工资项目

工资项目名称	类　型	长　度	小　数	增减项
基本工资	数字	8	2	增项
职务补贴	数字	8	2	增项
交通补贴	数字	8	2	增项
医疗保险	数字	8	2	减项
养老保险	数字	8	2	减项
缺勤扣款	数字	8	2	减项
计税工资	数字	10	2	其他
缺勤天数	数字	8	2	其他

4) 在职人员档案

在职人员档案如表 6-55 所示。

表 6-55　在职人员档案

人员编号	人员姓名	性别	人事部门	人员类别	银行账号
001	陈平	男	综合管理部	管理人员	10011020088001
002	韩冰	女	综合管理部	行政人员	10011020088002
003	李晶	女	财务部	管理人员	10011020088003
004	王红	女	财务部	行政人员	10011020088004
005	李明	男	采购部	采购人员	10011020088005
006	黄平	男	采购部	采购人员	10011020088006
007	赵立	男	销售部	营销人员	10011020088007
008	吴天	男	销售部	营销人员	10011020088008
009	赵兵	男	生产一部	管理人员	10011020088009
010	张恒	男	生产一部	生产人员	10011020088010
011	王和	女	生产二部	管理人员	10011020088011
012	何飞	男	生产二部	生产人员	10011020088012

5) 个人所得税扣除基数

个人所得税按"应发合计"扣除"5000"元后计税。

4. 供应链管理系统

1) 采购管理系统参数

(1) 允许超订单到货及入库。

(2) 专用发票默认税率：13%。

2) 库存管理系统参数

(1) 有组装拆卸业务。

(2) 有委托代销业务。

(3) 不允许超可用量出库。

(4) 出入库检查可用量。

(5) 有最高、最低库存控制。

(6) 其他参数采用系统默认。

3) 存货核算系统参数

(1) 暂估方式：月初回冲。

(2) 销售成本核算方式：销售发票。

(3) 委托代销成本核算方式：按普通销售核算。

(4) 零出库成本按手工输入。

(5) 结算单价与暂估单价不一致时需要调整出库成本。

(6) 其他参数采用系统默认。

存货科目如表 6-56 所示。

表 6-56　存货科目

仓库名称	存货科目
原材料库	原材料(1403)
半成品库	原材料(1403)
产成品库	库存商品——圆珠笔(140501)

4) 销售管理系统参数

(1) 有委托代销业务。

(2) 有零售日报业务。

(3) 报价不含税。

(4) 新增发货单参照订单生成。

(5) 新增退货单参照发货、新增发票参照发货单生成。

(6) 其他参数采用系统默认。

5) 应收款管理系统参数设置和初始设置

(1) 应收系统选项。将坏账处理方式设置为"应收余额百分比法"。

(2) 初始设置。基本科目设置如表 6-57 所示。

表 6-57　基本科目

基本科目	对应科目
应收科目	应收账款(1122)
销售收入科目	主营业务收入(600101)
税金科目	应交税费——应交增值税——销项税额(22210102)
销售退回科目	主营业务收入(600101)
银行承兑科目	应收票据(1121)
商业承兑科目	应收票据(1121)

6) 应付款管理系统初始设置

(1) 基本科目设置。基本科目如表 6-58 所示。

表 6-58　基本科目

基本科目	对应科目
应付科目	应付账款(2202)
预付科目	预付账款(1123)
采购科目	原材料(1403)
税金科目	应交税费——应交增值税——进项税额(22210101)
银行承兑科目	应付票据(2201)
商业承兑科目	应付票据(2201)

(2) 结算方式科目设置。结算方式科目如表 6-59 所示。

表 6-59　结算方式科目

结算方式名称	对应科目
现金支票	商业银行北京支行(100201)
转账支票	商业银行北京支行(100201)

(三)期初余额

1. 总账期初余额

总账期初余额如表 6-60 所示。

表 6-60　总账期初余额

类型	科目编码	科目名称	计量单位	辅助账类型	方向	期初余额(元)
资产	1001	库存现金		日记	借	53 300
资产	1002	银行存款			借	
资产	100201	商业银行北京支行		银行日记	借	400 000
资产	1121	应收票据		客户往来	借	
资产	1122	应收账款		客户往来	借	80 000
资产	1221	其他应收款			借	
资产	122101	备用金			借	
资产	1123	预付账款		供应商往来	借	
资产	1403	原材料			借	48 900
资产	1409	自制半成品			借	4 800
资产	1405	库存商品			借	417 000
资产	140501	圆珠笔		项目核算	借	417 000
资产	1601	固定资产			借	1 162 000
负债	2001	短期借款				
负债	200101	商业银行北京支行				120 000
负债	2201	应付票据		供应商往来	贷	
负债	2202	应付账款		供应商往来	贷	46 000
负债	2221	应交税费			贷	
负债	222101	应交增值税			贷	
负债	22210101	进项税额			贷	
负债	22210102	销项税额			贷	
负债	222102	应交所得税			贷	
负债	2203	预收账款		客户往来	贷	
权益	4001	实收资本			贷	2 000 000
成本	5001	生产成本			借	
成本	500101	人工费		项目核算	借	

续表

类型	科目编码	科目名称	计量单位	辅助账类型	方 向	期初余额(元)
成本	500102	材料费		项目核算	借	
成本	500103	制造费用		项目核算	借	
成本	5101	制造费用			借	
成本	510101	折旧费			借	
成本	510102	维修费				
损益	6001	主营业务收入			贷	
损益	600101	圆珠笔		项目核算	贷	
损益	6401	主营业务成本			借	
损益	640101	圆珠笔业务成本		项目核算	借	
损益	6601	销售费用			借	
损益	660101	折旧费		部门核算	借	
损益	660102	工资		部门核算	借	
损益	660103	差旅费		部门核算	借	
损益	660104	广告费		部门核算	借	
损益	6602	管理费用			借	
损益	660201	折旧费		部门核算	借	
损益	660202	工资		部门核算	借	
损益	660203	电话费		部门核算	借	

2. 应收账款期初余额

应收账款期初余额如表 6-61 所示。

表 6-61 应收账款期初余额

日 期	客户名称	业务员	摘 要	方 向	金额(元)
2018-12-16	天津恒利公司	吴天	销售商品	借	50 000
2018-12-28	福州宏丰公司	赵立	销售商品	借	30 000

3. 应付账款期初余额

应收账款期初余额如表 6-62 所示。

表 6-62 应付账款期初余额

单据日期	供应商名称	业务员	摘 要	方 向	金额(元)
2018-12-16	佳和公司	李明	购货款	贷	46 000

4. 固定资产原始卡片

固定资产原始卡片如表 6-63 所示。

表 6-63 固定资产原始卡片

卡片编号	00001	00002	00003	00004	00005
固定资产编号	01101001	0120501001	0402001	0402002	0404001
固定资产名称	1号楼	2号楼	电脑	打印机	轿车
类别编号	011	012	04	04	03
类别名称	行政楼	厂房	办公设备	办公设备	运输设备
部门名称	综合管理部占用20%，财务部占用20%，采购部占用30%，销售部占用30%	生产一部、生产二部各占50%	财务部	财务部	销售部
增加方式	在建工程转入	在建工程转入	直接购入	直接购入	直接购入
使用状况	在用	在用	在用	在用	在用
使用年限/年	30	30	5	5	6
折旧方法	平均年限法(一)	平均年限法(一)	平均年限法(一)	平均年限法(一)	平均年限法(一)
开始使用日期	2018-12-08	2018-12-08	2018-12-08	2018-12-08	2018-12-08
币种	人民币	人民币	人民币	人民币	人民币
原值(元)	500 000	450 000	9 000	3 000	200 000
净残值率/%	2	2	3	3	4
累计折旧	0	0	0	0	0
对应折旧科目	管理费用——折旧费 销售费用——折旧费	制造费用——折旧费	管理费用——折旧费	管理费用——折旧费	销售费用——折旧费

5. 销售管理期初余额

(1) 2018年12月28日，我公司向天津恒利公司发出三色圆珠笔50盒(5 000支)，价格为4元/支，由成品仓库发出。

(2) 2018年12月8日，我公司委托福州宏丰公司销售双色圆珠笔30盒(3 000支)，双方商订委托价格为2.8元/支，由成品仓库发出。

6. 采购管理期初余额

无。

7. 库存系统、存货系统期初数

库存系统、存货系统各仓库期初数如表6-64所示。

表 6-64　各仓库期初数据

仓库名称	存货编码	存货名称	数　量	件　数	单价(元)	金额(元)
原材料库	0001	笔芯	30 000	300	0.5	15 000
原材料库	0002	笔壳	42 000	420	0.2	8 400
原材料库	0003	笔帽	55 000	550	0.3	16 500
原材料库	0004	弹簧	60 000	600	0.15	9 000
半成品库	001	笔身组件	8 000	80	0.6	4 800
产成品库	01	单色圆珠笔	50 000	500	1.5	75 000
产成品库	02	双色圆珠笔	60 000	600	2.2	132 000
产成品库	03	三色圆珠笔	75 000	750	2.8	210 000
合计						470 700

(四)企业日常业务及期末业务

(所有涉及的采购及销售业务均为无税单价,所有的采购及销售业务税率均为13%。)

(1) 1月1日,采购部李明向供货商永益公司订购笔芯30盒(3 000支),单价为0.45元/支,计划到货期为2月5日。

(2) 1月1日,生产一部在原材料库中领用材料,各材料的领用数量如表6-65所示。

表 6-65　各材料领用数量　　　　　　　　　　　　　　　　　单位：盒

存货名称	领用数量	生产产品
笔芯	130	双色圆珠笔
笔壳	60	双色圆珠笔
笔帽	60	双色圆珠笔
弹簧	120	双色圆珠笔

(3) 1月1日,公司购进联想电脑8台,单价为4 000元/台。电脑由生产一部投入使用,款项用商业银行北京支行转账支票支付。由固定资产模块生成1张凭证(合并)传递到总账系统。(固定资产名称：联想电脑；固定资产编号：040501001-040501008)

借：固定资产
　　贷：银行存款——商业银行北京支行

(4) 1月2日,上海安迅公司向我公司就双色圆珠笔进行询价,要求采购数量为300盒(30 000支),销售部吴中天对其报价为4元/支。

(5) 1月2日,销售员赵立借差旅费,财务部付现金900元。

借：其他应收款——备用金(122101)
　　贷：库存现金

(6) 1月3日,采购部李明向公司财务部申请货款2 000元用于预付永益公司原料采购款,经总经理同意后,财务部开具商业银行转账支票一张,金额为2 000元整。财务人员在应付模块中根据相应单据形成凭证传到总账系统。

　　借：预付账款
　　　　贷：银行存款——商业银行北京支行

(7) 1月4日，销售部以商业银行存款支付产品广告宣传费3 000元。

　　借：销售费用——广告费(660104)
　　　　贷：银行存款——商业银行北京支行

(8) 1月5日，收到永益公司发来的笔芯及其专用发票，发票号码为ZY0003，开票日期为2019年1月5日。该批笔芯系1月1日采购部李明订购。发票载明笔芯为3000支，0.45元/支。同时收到运费发票一张(票号为YF0001)，运输费为200元(费用的税率为9%)。经检验质量全部合格，办理入库(原材料库)手续。财务部门确认该笔存货成本(注：运费分摊按数量进行分摊)及应付款项，并用10月3日的预付永益公司原料采购款冲销此次应付账款，根据相关单据生成财务凭证传递到总账系统。(注：两张发票合并制单)

　　借：原材料
　　　　应交税费——应交增值税(进项税额)
　　　　贷：应付账款
　　借：应付账款
　　　　贷：预付账款

(9) 根据1月2日的报价，1月5日本公司与上海安迅公司协商，对方同意双色圆珠笔销售单价为3.90元/支，本公司确认后于1月7日从成品库发货，本公司以现金代垫运费600元。当日开具销售专用发票，发票号为Z001，货款尚未收到。财务部门确认该笔应收款项，并在应收模块中根据发票形成应收账款传到总账。

　　借：应收账款
　　　　贷：库存现金
　　借：应收账款
　　　　贷：主营业务收入
　　　　　　应交税费——应交增值税(销项税额)

(10) 1月8日，收回天津恒利公司转账支票一张50 000元用于支付前欠货款，财务确认入账，根据相关单据生成财务凭证传递到总账系统，并核销相应应收款项。

　　借：银行存款——商业银行北京支行
　　　　贷：应收账款

(11) 1月13日，天津恒利公司要求我公司2018年12月28日对其发货的三色圆珠笔50盒(5 000支)分批开票，财务第一次开具的普通发票(票号为Z004)数量为4 000支，4元/支。对方收到发票后，用转账支票的形式全额支付了第一次货款。财务部门确认该笔款项，并在应收模块中完成相应单据处理，将业务凭证传递到总账系统。

　　借：应收账款
　　　　贷：主营业务收入
　　　　　　应交税费——应交增值税(销项税额)

借：银行存款——商业银行北京支行
  贷：应收账款

(12) 1月17日，生产一部完成双色圆珠笔60盒(6 000支)，生产完成后入产成品仓。

(13) 1月24日，销售员赵立报销1月2日向公司预支的差旅费700元，并归还现金200元。(注：差旅费进行部门核算)

借：库存现金
  销售费用——差旅费(660103)
  贷：其他应收款——备用金

(14) 1月28日，生产二部完工入库三色圆珠笔28盒(2 800支)，入产成品库。

(15) 1月29日，对生产一、二部进行机器设备维修，共花费维修费用2 000元，用转账支票支付。

借：制造费用——维修费(510102)
  贷：银行存款——商业银行北京支行

(16) 1月29日，提取现金3 000元备用。

借：库存现金
  贷：银行存款——商业银行北京支行

(17) 1月30日，福州宏丰公司根据其公司销售情况，跟我公司结算2018年12月8日发出的双色圆珠笔中的20盒(2 000支)，并以转账支票方式进行现结，一次性付清结算款。本公司根据收到的货款给对方单位开具了普通发票(注：发票号及开票日期系统采用系统默认)，并根据相应单据形成凭证传到总账系统。

借：银行存款——商业银行北京支行
  贷：主营业务收入
    应交税费——应交增值税(销项税额)

(18) 1月30日，计提1月份固定资产折旧，并在相应模块生成凭证传到总账系统。

(19) 1月30日，进行工资数据计算和工资费用分摊。

① 在职人员工资数据。

在职人员工资数据如表6-66所示。

表6-66 2019年1月工资数据

人事部门	综合管理部		财务部		采购部		销售部		生产一部		生产二部	
人员姓名	陈平	韩冰	李晶	王红	李明	黄平	赵立	吴天	赵兵	张恒	王和	何飞
基本工资	5 000	4 500	5 000	4 500	5 000	4 500	5 000	4 500	5 000	4 500	5 000	4 000
缺勤天数		2	2									

② 工资项目计算公式。

工资项目计算公式如表 6-67 所示。

表 6-67　工资项目计算公式

工资项目名称	公　式
交通补贴	IFF(人员类别="采购人员" OR 人员类别="营销人员"，500，250)
职务补贴	基本工资×0.1
医疗保险	基本工资×0.02
养老保险	基本工资×0.03
缺勤扣款	(基本工资/30)×缺勤天数×0.6
计税工资	应发合计-医疗保险-养老保险-缺勤扣款

③ 工资费用分摊。

工资费用分摊如表 6-68 所示。

表 6-68　工资费用分摊

计提类型	部门名称	人员类别	工资项目	借方项目大类	借方项目	借方科目	贷方科目
应付工资	综合管理部 财务部	管理人员	应发合计			660202	2211
	综合管理部 财务部	行政人员	应发合计			660202	2211
	采购部	采购人员	应发合计			660202	2211
	销售部	营销人员	应发合计			660102	2211
	生产一部	管理人员	应发合计	圆珠笔成本核算	双色圆珠笔	500101	2211
	生产一部	生产人员	应发合计	圆珠笔成本核算	双色圆珠笔	500101	2211
	生产二部	管理人员	应发合计	圆珠笔成本核算	三色圆珠笔	500101	2211
	生产二部	生产人员	应发合计	圆珠笔成本核算	三色圆珠笔	500101	2211

根据上述数据在薪资系统中录入相关基本数据及计算公式，由工作系统算出应付工资额，并生成工资分摊凭证传给总账系统。

借：管理费用——工资

　　生产成本——人工费

　　销售费用——工资

　　贷：应付职工薪酬

(20) 1月30日，月末财务对当月材料出库业务进行材料成本结转，并生成凭证传到总账系统(一张材料出库单对应一张凭证)。

借：生产成本——材料费
　　贷：原材料

(21) 1月30日，月末财务将相应制造费用结转到生产成本(生产一部与二部制造费用比例按3：2分摊)，生产一部全部分摊到双色圆珠笔项目上，生产二部全部分摊到三色圆珠笔项目上。(使用自定义转账生成凭证)

借：生产成本——制造费用
　　贷：制造费用——维修费
　　　　制造费用——折旧费

(22) 1月30日，通过查项目账，将本月发生的生产成本全额分配到产成品入库单中，并生成凭证传到总账系统。

借：库存商品
　　贷：生产成本——成本结转(500104)

(23) 1月30日，财务根据当月销售业务结转相应销售成本，并生成凭证传到总账系统。

借：主营业务成本
　　贷：库存商品

(24) 1月31日，结转本月期间损益。(要求利用期间损益转账定义方法实现自动结转，生成收入、支出两张凭证)

(25) 1月31日，在用友 UFO 报表中，利用报表模板编制10月份的资产负债表和利润表。

操作提示

1. 系统注册

以系统管理员(admin)身份注册进入系统管理。

2. 设置用户

根据实验资料"(一)—2. 用户及其权限"，增加001 李晶、002 王红和003 陈平的用户信息。

3. 建立账套

根据实验资料"(一)—1. 账套信息"，按系统提示创建派利公司的账套数据。

4. 设置用户权限

根据实验资料"(一)—2. 用户及其权限"，依次给各用户设置权限。

5. 系统启用

以"001 李晶"的身份注册进入企业应用平台，根据实验资料"(一)—3. 系统启用"，启用总账管理、应收款管理、应付款管理、固定资产管理、薪资管理、采购管理、销售管理、库存管理、存货核算,启用日期统一为2019年1月1日。

6. 设置基础档案

以"001 李晶"的身份注册进入企业应用平台,根据实验资料"(一)—4. 基础档案",依次录入部门档案、人员类别、人员档案、地区分类等的基础档案信息。

7. 设置各系统参数

以"001 李晶"的身份注册进入企业应用平台,根据实验资料"(二)各模块系统参数设置",设置总账管理、固定资产管理、薪资管理、采购管理、销售管理、库存管理、存货核算、应收款管理和应付款管理各系统的参数。

8. 录入各系统的期初余额

以"001 李晶"的身份注册进入企业应用平台,根据实验资料"(三)期初余额",录入总账管理、应收款管理、应付款管理、固定资产管理、采购管理、销售管理、库存管理和存货核算各系统的期初余额。

9. 填制凭证

以"001 李晶"的身份注册进入企业应用平台,根据实验资料"(四)企业日常业务及期末业务",在相应模块填制相关业务单据,生成记账凭证。

10. 出纳签字

以"003 陈平"的身份注册进入企业应用平台,完成凭证的出纳签字。完成各模块记账、结账工作,并编制资产负债表和利润表。

11. 审核凭证和记账

以"002 王红"的身份注册进入企业应用平台,完成凭证的审核和记账的操作。

12. 自动转账

以"001 李晶"的身份注册进入企业应用平台,根据实验资料"(四)—27 日常业务及期末业务",利用期间损益转账定义方法实现自动结转,生成收入、支出两张凭证,并对凭证进行审核、记账的操作。

13. 期末结账

以"001 李晶"的身份注册进入企业应用平台,依次完成各系统的结账工作,结账顺序为:固定资产管理系统、薪资管理系统、销售管理系统、采购管理系统、库存管理系统、存货核算系统、应收款管理系统、应付款管理系统和总账管理系统。

14. 生成报表

以"001 李晶"的身份注册进入企业应用平台,在用友 UFO 报表管理系统中,利用报表模板编制派利公司1月份资产负债表和利润表。

附录 自测题答案

第一章

一、单项选择题

1. A	2. D	3. A	4. B	5. D
6. A	7. B	8. D	9. C	10. B

二、多项选择题

1. ABC	2. ABCD	3. ABD	4. ABCD	5. ABCD

三、判断题

1. √	2. ×	3. ×	4. √	5. ×

四、简答题

略。

第二章

一、单项选择题

1. C	2. A	3. A	4. D	5. B
6. B	7. D	8. D	9. A	10. D

二、多项选择题

1. ABCD	2. ABCD	3. ABCD	4. ABCD	5. BC

三、判断题

1. ×	2. √	3. √	4. ×	5. √

四、简答题

略。

第三章

一、单项选择题

1. B   2. B   3. A   4. C   5. C

6. C   7. D   8. B   9. C   10. A

二、多项选择题

1. BC   2. BD   3. ABC   4. BCD   5. ACD

三、判断题

1. ×   2. ×   3. ×   4. √   5. √

四、简答题

略。

第四章

一、单项选择题

1. A   2. B   3. D   4. B   5. B

6. D   7. A   8. D   9. D   10. D

二、多项选择题

1. ABD   2. ABCD   3. ABCD   4. ABCD   5. ABC

三、判断题

1. √   2. √   3. ×   4. ×   5. ×

四、简答题

略。

参 考 文 献

1. 王新玲，汪刚. 会计信息系统实验教程[M]. 北京：清华大学出版社，2018.
2. 陈福军，刘景忠. 会计电算化[M]. 大连：东北财经大学出版社，2016.
3. 汪刚，付奎亮. 会计信息化实用教程[M]. 北京：清华大学出版社，2014.
4. 高翠莲，安玉琴，李爱红. 会计电算化[M]. 上海：华东师范大学出版社，2014.
5. 张瑞君. 会计信息系统[M]. 北京：高等教育出版社，2013.
6. 毛元青，郭红. 会计信息系统[M]. 北京：科学出版社，2018.
7. 艾文国，孙洁，张华. 会计信息系统[M]. 北京：高等教育出版社，2015.
8. 彭飞. 会计信息系统[M]. 北京：清华大学出版社，2018.
9. 梁丽谨，辛茂荀. 会计信息系统[M]. 北京：中国财政经济出版社，2013.
10. 王新玲，刘春梅. 会计信息化应用教程[M]. 北京：清华大学出版社，2017.
11. 毛华杨，陈旭. 会计电算化原理与应用[M]. 北京：清华大学出版社，2013.
12. 万希宁，郭炜. 会计信息化[M]. 武汉：华中科技大学出版社，2008.
13. 卢燕. 会计信息系统功能与应用[M]. 北京：经济科学出版社，2014.
14. 王海林，吴沁红，杜长任. 会计信息系统：面向财务业务一体化[M]. 北京：电子工业出版社，2017.
15. 万新焕. 新编会计信息化教程[M]. 北京：电子工业出版社，2018.
16. 王新玲，汪刚，赵婷. 会计信息系统实验教程[M]. 北京：清华大学出版社，2013.
17. 刘瑞武，詹阳，余漱峰. 会计信息系统[M]. 北京：人民邮电出版社，2018.
18. 杨周南，赵纳晖，陈翔. 会计信息系统[M]. 大连：东北财经大学出版社，2014.